Des Recettes Pour Construire Vos Muscles Au Bodybuilding Avant Et Après La Compétition: Améliorez Vos Performances Et Récupérez Plus Rapidement Votre Performance En Vous Nourrissant De Repas Faits Pour Bâtir Les Muscles Et Dissoudre Les Lipides De Votre Corps

Par
Joseph Correa
Nutritionniste Certifié des Sportifs

DROITS D'AUTEUR

© 2016 Finibi Inc

Tous droits réservés

La reproduction ou la traduction de toute partie de ce travail au-delà de ce qui est permis par l'article 107 ou 108 de la Loi de 1976 sur les droits d'auteur aux États-Unis 1976, sans l'autorisation préalable du propriétaire des droits d'auteur, est illégale.

Cette publication est conçue pour fournir des informations exactes et faisant autorité en ce qui concerne le sujet traité. Cette publication est vendue avec la condition implicite que ni l'auteur ni l'éditeur n'ont la capacité de prodiguer des conseils médicaux. Si des conseils ou une assistance médicale se déclarent nécessaires, vous êtes priés de consulter un médecin. Ce livre est considéré comme un guide et ne doit être utilisé en aucune façon nuisible à votre santé. Consultez un médecin avant de commencer ce plan nutritionnel pour vous assurer qu'il vous sera bénéfique.

REMERCIEMENTS

La réalisation et le succès de ce livre n'auraient pu être possibles sans le soutien et l'aide précieuse de ma famille.

Des Recettes Pour Construire Vos Muscles Au Bodybuilding Avant Et Après La Compétition: Améliorez Vos Performances Et Récupérez Plus Rapidement Votre Performance En Vous Nourrissant De Repas Faits Pour Bâtir Les Muscles Et Dissoudre Les Lipides De Votre Corps

Par

Joseph Correa

Nutritionniste Certifié des Sportifs

Des Recettes Pour Construire Vos Muscles Au Bodybuilding Avant Et Après La Compétition

SOMMAIRE

Droits d'auteur

Remerciements

À propos de l'auteur

Introduction

Des Shakes A Consommer Avant La Compétition De Bodybuilding

Des Repas Musculaires A Consommer Avant La Compétition De Bodybuilding

Des Shakes A Consommer Après La Compétition De Bodybuilding

Des Repas Musculaires A Consommer Après La Compétition De Bodybuilding

Autres grands titres de cet auteur

À PROPOS DE L'AUTEUR

En tant que nutritionniste certifié des sportifs et athlète professionnel, je crois fermement qu'une bonne nutrition vous aidera à atteindre vos objectifs plus rapidement et plus efficacement. Mes connaissances et mon expérience m'ont permis de vivre en meilleure santé tout au long des années et je l'ai partagé avec ma famille et mes amis. Plus vous en savez à propos de boire et vous nourrir plus sainement, et le plus tôt vous aurez envie de changer votre vie et vos habitudes alimentaires.

Réussir à contrôler votre poids est très important, car cela vous permettra d'améliorer tous les aspects de votre vie.

La nutrition est un élément clé dans le processus de se mettre en meilleure forme et c'est là tout le sujet de ce livre.

INTRODUCTION

Des Recettes Pour Construire Vos Muscles Au Bodybuilding Avant Et Après La Compétition vous aideront à augmenter l'apport de protéines que vous consommez par jour pour vous aider à augmenter votre masse musculaire. Ces repas vous aideront à augmenter vos muscles d'une manière organisée en ajoutant une grande quantité de protéines saines à votre régime.

Être trop occupé pour manger correctement peut devenir parfois un problème, c'est pourquoi ce livre va vous faire gagner du temps et vous aidera à nourrir votre corps pour atteindre les buts que vous recherchez. Assurez-vous que vous savez ce que vous mangez en préparant les repas vous-mêmes ou en les faisant préparer par quelqu'un pour vous.

Ce livre vous aidera à :

-Augmenter vos muscles naturellement.

-Améliorer la récupération musculaire.

-Avoir plus d'énergie.

-Accélérer naturellement votre métabolisme pour construire plus de muscles.

-Améliorer votre système digestif.

Joseph Correa est un nutritionniste certifié des sportifs et un athlète professionnel.

DES SHAKES A CONSOMMER AVANT LA COMPETITION DE BODYBUILDING

1. Shake protéiné à la tomate

Ingrédients:

1 verre de lait écrémé

¼ petite cuillère de cannelle

1 petite tomate

1 carotte râpée

1 petite cuillère de sucre brun

Préparation:

Lavez la tomate et coupez-la en petits cubes. Épluchez la carotte et râpez en lamelles fines. Mélangez les ingrédients dans un mixeur et mettez au réfrigérateur.

Valeurs nutritives pour un verre:

Glucides 10.9g

Sucre 7.85g

Protéines 4.38g

Total Lipides 2.31g

Sodium 84mg

Potassium 423mg

Calcium 283.7mg

Fer 0.832mg

Vitamines (Vitamine C total acide ascorbique; B-6; B-12; Folate-DFE; A-RAE; A-IU; E-alpha-tocophérol; D; D-D2+D3; Thiamine; Niacine)

Calories 80

2. Shake protéiné aux légumes

Ingrédients:

1 tasse de brocoli découpé

Un demi-bouquet d'épinards frais

½ tasse de yaourt faible en matières grasses

1 petite cuillère de miel

Quelques feuilles de menthe

¼ tasse d'eau

Préparation:

Lavez les légumes et mettez-les dans un mixeur. Ajoutez quelques glaçons et mixer ensemble jusqu'à obtenir une mixture onctueuse.

Valeurs nutritives pour un verre:

Glucides 12.32g

Sucre 7.16g

Protéines 4.95g

Total Lipides 2.78g

Sodium 79mg

Potassium 243.6mg

Calcium 117mg

Fer 2.65mg

Vitamines (Vitamine C total acide ascorbique; B-6; B-12; Folate-DFE; A-RAE; A-IU; E-alpha-tocophérol; D; D-D2+D3; K-phylloquinone; Thiamine; Riboflavine; Niacine)

Calories 81.3

3. Shake protéiné au mélange de fruits et de légumes

Ingrédients:

1 tasse de mélange de myrtilles, framboises, mûres et fraises

½ tasse de jeunes épinards coupés

2 blancs d'œufs

½ tasse de yaourt faible en matières grasses

1.5 Verre d'eau

Préparation:

Lavez les jeunes épinards et mettez-les dans un mixeur. Mélanger les 2 blancs d'œufs avec le yaourt faible en matières grasses, ajoutez l'eau et mettez dans le mixeur. Ajoutez les fruits et mixez pendant quelques minutes.

Valeurs nutritives pour un verre:

Glucides 11.27g

Sucre 8.11g

Protéines 5.85g

Total Lipides 2.94g

Des Recettes Pour Construire Vos Muscles Au Bodybuilding Avant Et Après La Compétition

Sodium 85mg

Potassium 259.6mg

Calcium 113mg

Fer 2.03mg

Vitamines (Vitamine C total acide ascorbique; B-6; B-12; Folate-DFE; A-RAE; A-IU; E-alpha-tocophérol; D; D-D2+D3; K-phylloquinone; Thiamine; Riboflavine; Niacine)

Calories 72.6

4. Shake protéiné au melon

Ingrédients:

¼ tasse de fraises fraîches

¼ de banane

1 tranche de melon

½ petite cuillère de cannelle

¼ tasse de noix émiettées

1 petite cuillère de sucre brun

Préparation:

Mixer les ingrédients dans un mixeur et saupoudrez avec de la cannelle. Mettez au réfrigérateur et servez froid.

Valeurs nutritives pour un verre:

Glucides 13.24g

Sucre 9.19g

Protéines 7.92g

Total Lipides 3.54g

Sodium 91mg

Potassium 273.6mg

Calcium 119mg

Fer 2.09mg

Vitamines (Vitamine C total acide ascorbique; B-6; B-12; Folate-DFE; A-RAE; A-IU; E-alpha-tocophérol; D; D-D2+D3; K-phylloquinone; Thiamine; Riboflavine; Niacine)

Calories 78

5. Shake protéiné aux fraises

Ingrédients:

1 tasse de fraises

½ tasse de lait écrémé

1 petite cuillère de sirop d'agave

Préparation:

Mixez les ingrédients dans un mixeur pendant quelques minutes. Mettez au réfrigérateur pendant quelques minutes et servez froid. Vous pouvez ajouter des glaçons pour servir.

Valeurs nutritives pour un verre:

Glucides 8.19g

Sucre 4.05g

Protéines 4.97g

Total Lipides 2.64g

Sodium 62mg

Potassium 197.9mg

Calcium 111mg

Fer 1.23mg

Vitamines (Vitamine C; B-6; B-12; E-alpha-tocophérol; D; D-D2+D3; K-phylloquinone; Thiamine; Riboflavine; Niacine)

Calories 54

6. Shake protéiné à la vanille

Ingrédients:

1 verre de lait écrémé

½ verre d'eau

1 petite cuillère d'extrait de vanille

1 petite cuillère de vanille émincée

¼ petite cuillère de cannelle

2 petites cuillères de sucre brun

Préparation:

Mélangez le lait et l'eau et faites bouillir à feu doux. Ajoutez la vanille émincée et l'extrait de vanille. Remuez bien et laissez bouillir environ 1 minute. Enlevez du feu et laissez refroidir. Mixez avec les autres ingrédients dans un mixeur pendant quelques minutes. Servez froid.

Valeurs nutritives pour un verre:

Glucides 10.12g

Sucre 6.05g

Protéines 4.66g

Total Lipides 1.65g

Sodium 79mg

Potassium 203.4mg

Calcium 92mg

Fer 1.98mg

Vitamines (Vitamine C total acide ascorbique; B-6; B-12; Folate-DFE; A-RAE; A-IU; D; D-D2+D3; K-phylloquinone; Thiamine; Riboflavine; Niacine)

Calories 79

7. Shake protéiné au brocoli

Ingrédients:

1 tasse de brocoli cuit

1 verre d'eau

1 tasse de baies de goji

1 petite cuillère de sucre brun

Préparation:

Mixez les ingrédients dans un mixeur pendant quelques minutes. Servez froid ce breuvage sain.

Valeurs nutritives pour un verre:

Glucides 9.31g

Sucre 5.19g

Protéines 4.83g

Total Lipides 1.67g

Sodium 78mg

Potassium 201mg

Calcium 86mg

Fer 1.13mg

Vitamines (Vitamine C total acide ascorbique; B-6; B-12; A-RAE; A-IU; D; D-D2+D3; K-phylloquinone; Thiamine; Riboflavine; Niacine)

Calories 68.3

8. Shake protéiné au café

Ingrédients:

1 tasse de café glacé non sucré

½ tasse de lait écrémé

2 petites cuillères d'extrait de vanille

2 petites cuillères de sucre brun

1 grande cuillère de yaourt Grec

Cannelle (optionnel)

Préparation:

Mettez tous les ingrédients dans un mixeur. Mixez bien environ 30 secondes. Consommez froid. Vous pouvez mettre un peu de cannelle dessus, mais c'est optionnel. Gardez ce shake protéiné au réfrigérateur, vous pouvez aussi le surgeler pour un usage futur.

Valeurs nutritives pour un verre:

Glucides 8.54g

Sucre 5.73g

Protéines 8.78g

Total Lipides 2.04g

Sodium 69mg

Potassium 227mg

Calcium 117mg

Fer 2.79mg

Vitamines (Vitamine C total acide ascorbique; B-6; B-12; Folate-DFE; A-RAE; A-IU; D; D-D2+D3; K-phylloquinone; Thiamine; Riboflavine; Niacine)

Calories 71.3

9. Shake protéiné à la pomme et à l'orange

Ingrédients:

1 petite pomme

1 petite orange

½ verre d'eau

1 petite cuillère de sucre brun

1 petite cuillère de miel

1 petite cuillère d'amandes émincées

Préparation:

Mixez tous les ingrédients dans un mixeur pendant quelques minutes. Consommez froid.

Valeurs nutritives pour un verre:

Glucides 12.31g

Sucre 8.73g

Protéines 6.98g

Total Lipides 3.09g

Sodium 81mg

Potassium 265.9mg

Calcium 109mg

Fer 1.54mg

Vitamines (Vitamine C total acide ascorbique; B-6; B-12; Folate-DFE; A-RAE; A-IU; E-alpha-tocophérol; D; D-D2+D3; K-phylloquinone; Thianine; Riboflavine; Niacine)

Calories 73.1

10. Shake protéiné aux fruits

Ingrédients:

1 tasse de myrtilles

1 banane

½ petite cuillère de cannelle

½ verre de lait écrémé

1 grande cuillère de sirop d'agave

Préparation:

Épluchez la banane et coupez-la en petits morceaux. Mettez le sirop d'agave avec le lait écrémé et faites bouillir un peu. Laissez refroidir. Mixez les ingrédients dans un mixeur pendant environ 30 secondes. Saupoudrez avec de la cannelle et servez froid.

Valeurs nutritives pour un verre :

Glucides 11.12g

Sucre 9.34g

Protéines 6.52g

Total Lipides 3.21g

Sodium 93mg

Potassium 208.31mg

Calcium 113mg

Fer 3.21mg

Vitamines (Vitamine C total acide ascorbique; B-6; B-12; Folate-DFE; A-RAE; A-IU; E-alpha-tocophérol; D; D-D2+D3; K-phylloquinone; Thiamine; Riboflavine; Niacine)

Calories 79.9

11. Shake protéiné à la farine d'avoine

Ingrédients:

½ tasse de farine d'avoine

1 tasse de lait écrémé

¼ tasse d'eau

1 petite cuillère d'extrait de vanille

½ banane

Préparation:

Cette recette ne prend que quelques minutes à préparer et le goût est super bon. Tout ce dont vous avez besoin est de mettre tous les ingrédients dans un mixeur et de mixer pendant 30 à 40 secondes, jusqu'à obtenir une mixture onctueuse. Mettez au réfrigérateur pendant 30 minutes. Vous pouvez saupoudrer de la cannelle par-dessus.

Valeurs nutritives pour un verre:

Glucides 13.32g

Sucre 7.17g

Protéines 6.91g

Total Lipides 3.99g

Sodium 92mg

Potassium 263.2mg

Calcium 119mg

Fer 2.92mg

Vitamines (Vitamine C total acide ascorbique; B-6; B-12; Folate-DFE; A-RAE; A-IU; D; D-D2+D3; K-phylloquinone; Thiamine; Riboflavin)

Calories 89

12. Shake protéiné à la menthe poivrée

Ingrédients:

2 tasses de lait écrémé

1 petite cuillère de poudre de cacao

1 petite cuillère d'amandes râpées

1 grande cuillère de crème sans gras

½ petite cuillère d'extrait de menthe poivrée

Préparation:

Faites bouillir le lait sur feu doux. Ajoutez l'extrait de menthe poivrée et la poudre de cacao. Remuez bien pendant 2 à 3 minutes. Enlevez du feu et laissez refroidir pendant 30 minutes. Puis mettez avec les amandes râpées et la crème sans gras dans un mixeur et mixez pendant 30 secondes.

Valeurs nutritives pour un verre:

Glucides 10.32g

Sucre 7.34g

Protéines 6.81g

Total Lipides 3.08g

Sodium 85.9mg

Potassium 243.3mg

Calcium 121mg

Fer 1.09mg

Vitamines (Vitamine C total acide ascorbique; B-6; B-12; Folate-DFE; A-RAE; A-IU; E-alpha-tocophérol; D; D-D2+D3; K-phylloquinone; Thiamine; Riboflavine; Niacine)

Calories 68.2

13. Shake protéiné aux graines de lin

Ingrédients:

½ tasse d'eau

½ tasse de lait écrémé

1 grande cuillère de noix hachées

1 grande cuillère de baies de goji

1 grande cuillère d'huile de graines de lin

1 petite cuillère d'extrait de vanille

1 grande cuillère de sucre brun

Préparation:

Mixez les ingrédients dans un mixeur pendant environ 40 secondes, ou jusqu'à obtenir une mixture onctueuse. Mettez au réfrigérateur et servez froid.

Valeurs nutritives pour un verre:

Glucides 14.31g

Sucre 9.19g

Protéines 7.81g

Total Lipides 3.09g

Sodium 83mg

Potassium 279.9mg

Calcium 129mg

Fer 3.09mg

Vitamines (Vitamine C total acide ascorbique; B-6; B-12; Folate-DFE; A-RAE; A-IU; E-alpha-tocophérol; D; D-D2+D3; K-phylloquinone; Thiamine; Riboflavine; Niacine)

Calories 113

14. Shake protéiné à la cannelle

Ingrédients:

1 verre de lait écrémé

1 petite cuillère de poudre de cacao

1 grande cuillère de raisins

1 grande cuillère de graines de citrouille

¼ petite cuillère de cannelle

Préparation:

Mixez dans un mixeur jusqu'à obtenir une mixture onctueuse. Servez avec des glaçons. Vous pouvez saupoudrer un peu plus de cannelle par-dessus avant de servir.

Valeurs nutritives pour un verre:

Glucides 12.9g

Sucre 9.27g

Protéines 7.75g

Total Lipides 4.57g

Sodium 92.3mg

Potassium 262.7mg

Calcium 123.5mg

Fer 5.21mg

Vitamines (Vitamine C total acide ascorbique; B-6; B-12; Folate-DFE; A-RAE; A-IU; E-alpha-tocophérol; D; D-D2+D3; K-phylloquinone; Thiamine; Riboflavine; Niacine)

Calories 86.7

15. Shake protéiné aux amandes

Ingrédients:

1 tasse de lait écrémé

½ tasse d'eau

2 blancs d'œufs

1 grande cuillère d'amandes râpées

1 grande cuillère de miel

½ tasse de farine d'avoine

Préparation:

Séparez les blancs et les jaunes des œufs. Mettez avec les autres ingrédients dans un mixeur et mixez pendant 30 à 40 secondes. Laissez refroidir dans le réfrigérateur. Servez froid.

Valeurs nutritives pour un verre:

Glucides 14.31g

Sucre 9.19g

Protéines 7.91g

Total Lipides 4.54g

Sodium 103mg

Potassium 287.9mg

Calcium 122mg

Fer 4.29mg

Vitamines (Vitamine C; B-6; B-12; Folate-DFE; A-RAE; A-IU; E-alpha-tocophérol; D; D-D2+D3; K; Thiamine; Riboflavine; Niacine)

Calories 91

16. Shake protéiné à la banane

Ingrédients:

1 grande banane

1 tasse de lait écrémé

½ tasse d'eau

1 petite cuillère d'extrait de vanille

1 grande cuillère de sirop d'agave

Préparation:

Épluchez la banane et découpez-la en petit cubes. Mettez-la avec les autres ingrédients dans un mixeur et mixez pendant 30 secondes, jusqu'à obtenir une mixture onctueuse. Mettez au réfrigérateur et servez froid.

Valeurs nutritives pour un verre:

Glucides 10.11g

Sucre 7.17g

Protéines 8.91g

Total Lipides 3.23g

Sodium 95mg

Potassium 612.9mg

Calcium 119mg

Fer 2.88mg

Vitamines (Vitamine C total acide ascorbique; B-6; B-12; Folate-DFE; A-RAE; A-IU; E-alpha-tocophérol; D; D-D2+D3; K-phylloquinone; Thiamine; Riboflavine; Niacine)

Calories 88

17. Shake protéiné aux flocons de céréales

Ingrédients:

1 tasse de lait écrémé

½ tasse d'eau

½ tasse de flocons de céréales

1 grande cuillère de sucre brun

1 grande cuillère de miel

1 petite cuillère de cacao

Préparation:

Mixez dans un mixeur pendant 30 à 40 secondes, ou jusqu'à obtenir une mixture onctueuse. Vous pouvez ajouter un peu de cannelle, mais c'est optionnel. Laissez refroidir au réfrigérateur pendant environ 1 heure. Servez froid.

Valeurs nutritives pour un verre:

Glucides 11.7g

Sucre 10.01g

Protéines 5.32g

Total Lipides 3.65g

Sodium 86.5mg

Potassium 262mg

Calcium 111mg

Fer 3.75mg

Vitamines (Vitamine C total acide ascorbique; B-6; B-12; Folate-DFE; A-RAE; A-IU; E;D; D-D2+D3; K-phylloquinone; Thiamine; Riboflavin)

Calories 78.7

18. Shake protéiné aux baies sauvages

Ingrédients:

½ tasse de baies sauvages

½ tasse de jus de baies sauvages frais

½ tasse d'eau

1 petite cuillère d'extrait de mûres

2 blancs d'œufs

1 poignée de glaçons

Préparation:

Séparez les blancs et les jaunes des œufs. Mettez avec les autres ingrédients et mixez dans un mixeur pendant environ 30 secondes. Servez froid.

Valeurs nutritives pour un verre:

Glucides 13.01g

Sucre 9g

Protéines 7.8g

Total Lipides 1.95g

Sodium 98mg

Potassium 234.7mg

Calcium 110mg

Fer 3.04mg

Vitamines (Vitamine C total acide ascorbique; B-6; B-12; Folate-DFE; A-RAE; A-IU; E-alpha-tocophérol; D; D-D2+D3; K-phylloquinone; Thiamine; Riboflavine; Niacine)

Calories 68

19. Shake protéiné aux noix

Ingrédients:

1 tasse de lait de noix de coco

½ tasse de noix râpées

½ tasse d'épinards hachés finement

1 œuf entier

2 grandes cuillères de sucre brun

1 petite cuillère d'extrait de noix

Préparation:

Mettez les ingrédients dans un mixeur et mixez pendant 30 à 40 secondes. Ajoutez quelques glaçons avant de servir.

Valeurs nutritives pour un verre:

Glucides 11.27g

Sucre 8.11g

Protéines 5.85g

Total Lipides 2.94g

Sodium 85mg

Potassium 259.6mg

Calcium 113mg

Fer 2.03mg

Vitamines (Vitamine C total acide ascorbique; B-6; B-12; Folate-DFE; A-RAE; A-IU; E-alpha-tocophérol; D; D-D2+D3; K-phylloquinone; Thiamine; Riboflavine; Niacine)

Calories 72.6

20. Shake protéiné au yaourt Grec

Ingrédients:

1 tasse de yaourt Grec

1 grande cuillère de miel

1 grande cuillère de sucre brun

¼ tasse de lait écrémé

1 petite cuillère de beurre d'amandes

¼ petite cuillère de cannelle

Préparation:

Mettez le lait, le beurre d'amandes et le sucre brun dans une casserole. Remuez bien et faites bouillir à feu doux pendant environ 2 minutes. Enlevez du feu et laissez refroidir pendant 15 minutes. Versez la mixture dans un mixeur et ajoutez les autres ingrédients. Mixez bien pendant 30 à 40 secondes et mettez au réfrigérateur pour laisser refroidir.

Valeurs nutritives pour un verre:

Glucides 13.1g

Sucre 9g

Protéines 7.91g

Total Lipides 3.03g

Sodium 95mg

Potassium 259mg

Calcium 119mg

Fer 3mg

Vitamines (Vitamine C total acide ascorbique; B-6; B-12; Folate-DFE; A-RAE; A-IU; E-alpha-tocophérol; D; D-D2+D3; K-phylloquinone; Thiamine; Riboflavine; Niacine)

Calories 70

21. Shake protéiné aux œufs

Ingrédients:

1 tasse de lait écrémé

½ tasse d'eau

1 grande cuillère de yaourt Grec

3 œufs

1 petite cuillère d'extrait de vanille

1 grande cuillère de sucre brun

Préparation:

Mettez les ingrédients dans un mixeur et mixez jusqu'à obtenir une mixture onctueuse. Servez froid.

Valeurs nutritives pour un verre:

Glucides 10g

Sucre 6.02g

Protéines 9.84g

Total Lipides 3.94g

Sodium 95mg

Potassium 212.2mg

Calcium 123mg

Fer 2.43mg

Vitamines (Vitamine C;B-6; B-12; Folate-DFE; A-RAE; A-IU; D; D-D2+D3; K-phylloquinone; Thiamine; Riboflavine; Niacine)

Calories 72

22. Shake protéiné au beurre de cacahuètes

Ingrédients:

1 tasse de lait écrémé

¼ tasse de cacahuètes hachées finement

1 grande cuillère de beurre de cacahuètes

1 grande cuillère de sucre brun

1 grande cuillère de baies de goji

1 petite pomme verte

Préparation:

Épluchez la pomme et découpez-la en tranches fines. Faites fondre le beurre de cacahuètes dans une casserole à feu doux. Ajoutez le sucre et mélangez bien pendant 30 secondes. Enlevez du feu et laissez refroidir. Pendant ce temps, mixez les autres ingrédients dans un mixeur, ajoutez les cacahuètes et le sucre et mixez bien pendant 30 à 40 secondes. Mettez au réfrigérateur pendant au moins 30 minutes pour faire refroidir.

Valeurs nutritives pour un verre:

Glucides 13.2g

Sucre 10.7g

Protéines 11.6g

Total Lipides 2.8g

Sodium 97mg

Potassium 259mg

Calcium 134.3mg

Fer 3.09mg

Vitamines (Vitamine C total acide ascorbique; B-6; B-12; Folate-DFE; A-RAE; A-IU; E-alpha-tocophérol; D; D-D2+D3; K-phylloquinone; Thiamine; Riboflavine; Niacine)

Calories 88.4

23. Shake protéiné énergétique

Ingrédients:

1 grande cuillère d'amandes râpées

1 grande cuillère de noix râpées

1 grande cuillère de graines de macadamia râpées

1 tasse d'aronia

1 banane moyenne

1 verre de jus d'orange frais

1 verre d'eau

2 blancs d'œufs

2 grandes cuillères de miel

1 grande cuillère de sucre brun

Préparation:

Ce shake protéiné est très facile à préparer. Mettez simplement les ingrédients dans un mixeur et mixez bien pendant 40 secondes. Laissez bien refroidir avant de servir.

Valeurs nutritives pour un verre:

Glucides 17.47g

Sucre 14.03g

Protéines 15.8g

Total Lipides 7.94g

Sodium 175mg

Potassium 369mg

Calcium 189mg

Fer 6.09mg

Vitamines (Vitamine C total acide ascorbique; B-6; B-12; Folate-DFE; A-RAE; A-IU; E-alpha-tocophérol; D; D-D2+D3; K-phylloquinone; Thiamine; Riboflavine; Niacine)

Calories 149

24. Shake protéiné aux pistaches

Ingrédients:

1 tasse de lait écrémé

¼ tasse de pistaches finement découpées

1 grande cuillère de beurre de cacahuètes

1 grande cuillère de miel

1 poignée de glaçons

Préparation:

Mixez les ingrédients dans un mixeur jusqu'à obtenir une mixture onctueuse.

Valeurs nutritives pour un verre:

Glucides 13.4g

Sucre 9.15g

Protéines 7.81g

Total Lipides 5.91g

Sodium 105mg

Potassium 287mg

Calcium 115mg

Fer 3.03mg

Vitamines (Vitamine C total acide ascorbique; B-6; B-12; Folate-DFE; A-RAE; A-IU; E-alpha-tocophérol; D; D-D2+D3; K-phylloquinone; Thiamine; Riboflavine; Niacine)

Calories 81

25. Shake protéiné au beurre d'amandes

Ingrédients:

1 tasse de lait écrémé

½ tasse d'eau

½ tasse de farine d'avoine

1 grande cuillère de sucre brun

2 grandes cuillères de beurre d'amandes

1 petite cuillère d'extrait d'amandes

¼ tasse de lait d'amandes

Préparation:

Faites bouillir le lait d'amandes à feu doux. Ajoutez l'extrait d'amandes, le beurre d'amandes et le sucre brun. Remuez bien et faites bouillir pendant 30 à 40 secondes. Enlevez du feu et laissez refroidir. Mettez dans un mixeur avec les autres ingrédients et mixez bien pendant 30 secondes. Servez froid.

Valeurs nutritives pour un verre:

Glucides 15.3g

Sucre 8.11g

Protéines 9.83g

Total Lipides 7.81g

Sodium 106mg

Potassium 297.2mg

Calcium 125mg

Fer 4.09mg

Vitamines (Vitamine C total acide ascorbique; B-6; B-12; Folate-DFE; A-RAE; A-IU; E-alpha-tocophérol; D; D-D2+D3; K-phylloquinone; Thiamine; Riboflavine; Niacine)

Calories 73

26. Shake protéiné à la pomme verte

Ingrédients:

1 pomme verte

2 blancs d'œufs

1 verre de jus de pomme frais

1 grande cuillère de noix râpées

¼ petite cuillère de cannelle

Préparation:

Épluchez la pomme et découpez-la en tranches fines. Séparez les blancs et les jaunes des œufs. Mixez avec les autres ingrédients dans un mixeur pendant 30 à 40 secondes. Servez avec des glaçons.

Valeurs nutritives pour un verre:

Glucides 11g

Sucre 8g

Protéines 8.92g

Total Lipides 3.44g

Sodium 92mg

Potassium 212.4mg

Calcium 103mg

Fer 3.03mg

Vitamines (Vitamine C total acide ascorbique; B-6; B-12; Folate-DFE; A-RAE; A-IU; E-alpha-tocophérol; D; D-D2+D3; K-phylloquinone; Thiamine; Riboflavine; Niacine)

Calories 62

27. Shake protéiné au miel et à la banane

Ingrédients:

1 tasse de lait écrémé

1 banane moyenne

1 grande cuillère de miel

1 petite cuillère d'extrait de banane

1 grande cuillère de yaourt Grec

1 grande cuillère de crème non grasse

Préparation:

Épluchez la banane et découpez-la en petits cubes. Mixez avec les autres ingrédients dans un mixeur pendant 30 à 40 secondes et laissez refroidir dans le réfrigérateur pendant environ 1 heure. Servez froid.

Valeurs nutritives pour un verre:

Glucides 12.7g

Sucre 7.1g

Protéines 9.92g

Total Lipides 2.94g

Sodium 85mg

Potassium 249.5mg

Calcium 133mg

Fer 3mg

Vitamines (Vitamine C total acide ascorbique; B-6; B-12; Folate-DFE; A-RAE; A-IU; E-alpha-tocophérol; D; D-D2+D3; K-phylloquinone; Thiamine; Riboflavine; Niacine)

Calories 68.9

28. Shake protéiné au mélange de noix diverses

Ingrédients:

1 petite cuillère d'amandes râpées

1 petite cuillère de noix râpées

1 petite cuillère de noisettes râpées

1 petite cuillère de noix de macadamia râpées

1 verre de jus d'orange frais

1 grande cuillère de sirop d'agave

1 grande cuillère de glace à l'orange non grasse

1 poignée de glaçons

Préparation:

Mixez les ingrédients dans un mixeur pendant 30 à 40 secondes.

Valeurs nutritives pour un verre:

Glucides 15.19g

Sucre 11.23g

Protéines 9.85g

Total Lipides 6.64g

Sodium 115mg

Potassium 309.6mg

Calcium 121mg

Fer 5.03mg

Vitamines (Vitamine C total acide ascorbique; B-6; B-12; Folate-DFE; A-RAE; A-IU; E-alpha-tocophérol; D; D-D2+D3; K-phylloquinone; Thiamine; Riboflavine; Niacine)

Calories 98.3

29. Shake protéiné à l'ananas

Ingrédients:

1 tasse d'ananas frais découpé

1 tasse de jus d'ananas frais

2 blancs d'œufs

1 grande cuillère de sucre brun

1 petite cuillère d'extrait d'ananas

2 cerises pour décorer

Préparation:

Séparez les blancs et les jaunes des œufs. Mixez avec les autres ingrédients dans un mixeur pendant 30 à 40 secondes. Servez avec des glaçons et des cerises sur le dessus.

Valeurs nutritives pour un verre:

Glucides 11.34g

Sucre 8.11g

Protéines 6.85g

Total Lipides 1.84g

Sodium 84mg

Potassium 209.6mg

Calcium 103mg

Fer 1.93mg

Vitamines (Vitamine C total acide ascorbique; B-6; B-12; Folate-DFE; A-RAE; A-IU; E-alpha-tocophérol; D; D-D2+D3; K-phylloquinone; Thiamine; Riboflavine; Niacine)

Calories 58.9

30. Shake protéiné exotique

Ingrédients:

1 tasse de lait de noix de coco

½ banane

½ tasse d'ananas découpé

1 petite cuillère d'extrait de noix de coco

2 grandes cuillères de crème fraîche faible en matières grasses

2 grandes cuillères de sucre brun

Préparation:

Mettez les ingrédients dans un mixeur et mixez bien pendant 30 à 40 secondes jusqu'à obtenir une mixture onctueuse. Servez avec quelques glaçons.

Valeurs nutritives pour un verre:

Glucides 11.17g

Sucre 8.31g

Protéines 5.85g

Total Lipides 2.44g

Sodium 82mg

Potassium 279.6mg

Calcium 114mg

Fer 2.3mg

Vitamines (Vitamine C total acide ascorbique; B-6; B-12; Folate-DFE; A-RAE; A-IU; E-alpha-tocophérol; D; D-D2+D3; K-phylloquinone; Thiamine; Riboflavine; Niacine)

Calories 72

31. Shake protéiné à la pêche et à la crème

Ingrédients:

1 pêche moyenne

1 verre de lait d'amandes

1 grande cuillère de crème fraîche faible en matières grasses

1 grande cuillère de yaourt Grec

1 petite cuillère d'extrait de pêche

1 grande cuillère de miel

1 petite cuillère de graines de citrouille

1 poignée de glaçons

Préparation:

Découpez la pêche en petits morceaux. Mixez avec les autres ingrédients dans un mixeur jusqu'à obtenir une mixture onctueuse.

Valeurs nutritives pour un verre:

Glucides 13.27g

Sucre 9.11g

Protéines 7.85g

Total Lipides 4.94g

Sodium 85mg

Potassium 259mg

Calcium 103mg

Fer 2.93mg

Vitamines (Vitamine C total acide ascorbique; B-6; B-12; Folate-DFE; A-RAE; A-IU; E-alpha-tocophérol; D; D-D2+D3; K-phylloquinone; Thiamine; Riboflavine; Niacine)

Calories 70

32. Shake protéiné au yaourt Grec à la vanille

Ingrédients:

1 tasse de yaourt Grec à la vanille

1 tasse de lait écrémé

1 grande cuillère de noix de macadamia râpées

1 banane moyenne

½ tasse de fraises

1 petite cuillère d'extrait de vanille

Préparation:

Épluchez la banane et découpez-la en petits cubes. Mettez avec les autres ingrédients dans un mixeur et mixez jusqu'à obtenir une mixture onctueuse, environ 30 à 40 secondes. Vous pouvez saupoudrer un peu de poudre de vanille sur le dessus, mais ceci est optionnel. Servez froid.

Valeurs nutritives pour un verre:

Glucides 12.2g

Sucre 6.1g

Protéines 9.85g

Total Lipides 3.4g

Sodium 79mg

Potassium 216.6mg

Calcium 111mg

Fer 2.3mg

Vitamines (Vitamine C total acide ascorbique; B-6; B-12; Folate-DFE; A-RAE; A-IU; E-alpha-tocophérol; D; D-D2+D3; K-phylloquinone; Thiamine; Riboflavine; Niacine)

Calories 78

33. Shake protéiné à l'énergie de la prune

Ingrédients:

3 prunes mûres dénoyautées

1 tasse de lait écrémé

½ tasse de noix

¼ tasse de sirop d'agave

Préparation:

Mixez les ingrédients dans un mixeur pendant 30 à 40 secondes. Servez froid.

Valeurs nutritives pour un verre:

Glucides 12.21g

Sucre 5.98g

Protéines 6.23g

Total Lipides 2.31g

Sodium 82.5mg

Potassium 217.8mg

Calcium 124.3mg

Fer 1.27mg

Vitamines (Vitamine C total acide ascorbique; B-6; B-12; Folate-DFE; A-RAE; A-IU; E-alpha-tocophérol; D; D-D2+D3; K-phylloquinone; Thiamine; Riboflavine; Niacine)

Calories 56.4

34. Shake protéiné au citron

Ingrédients:

1 verre de limonade fraîche sans sucre

1 grande cuillère de zeste de citron

2 grandes cuillères de sucre brun

½ tasse de fromage blanc

1 grande cuillère d'extrait de vanille

1 grande cuillère de crackers de céréales râpés

Préparation:

Mettez les ingrédients dans un mixeur et mixez jusqu'à obtenir une consistance crémeuse. Versez dans un verre et saupoudrez avec les crackers de céréales râpés. Servez froid.

Valeurs nutritives pour un verre:

Glucides 9.27g

Sucre 6.11g

Protéines 8.85g

Total Lipides 4.94g

Sodium 86mg

Potassium 211.4mg

Calcium 115mg

Fer 1.05mg

Vitamines (Vitamine C total acide ascorbique; B-6; B-12; Folate-DFE; A-RAE; A-IU; E-alpha-tocophérol; D; D-D2+D3; K-phylloquinone; Thiamine; Riboflavine; Niacine)

Calories 57.6

35. Shake protéiné au caramel

Ingrédients:

1 tasse de lait écrémé

½ tasse de sucre brun

½ petite cuillère de cannelle

1 petite cuillère d'extrait de chocolat

1 grande cuillère d'amandes râpées

1 poire moyenne, découpée en petits morceaux

2 grandes cuillères de yaourt Grec

Préparation:

Faites fondre le sucre dans une casserole à feu doux. Ajoutez doucement le lait et mélangez bien pendant environ 1 minute. Votre sucre deviendra un joli caramel. Enlevez-le du feu et laissez refroidir un peu. Pendant ce temps découpez la poire en petits morceaux, mettez les petits morceaux de poire avec les autres ingrédients dans un mixeur, ajoutez le caramel et mixez pendant environ 40 secondes. Versez le shake protéiné dans un verre, saupoudrez avec de la cannelle et ajoutez quelques glaçons.

Valeurs nutritives pour un verre:

Glucides 12.37g

Sucre 8.42g

Protéines 6.85g

Total Lipides 2.74g

Sodium 83mg

Potassium 239.6mg

Calcium 112mg

Fer 2.05mg

Vitamines (Vitamine C total acide ascorbique; B-6; B-12; Folate-DFE; A-RAE; A-IU; E-alpha-tocophérol; D; D-D2+D3; K-phylloquinone; Thiamine; Riboflavine; Niacine)

Calories 72.7

DES REPAS MUSCULAIRES A CONSOMMER AVANT LA COMPETITION DE BODYBUILDING

1. Rouleaux de Poulet

Ingrédients:

1 livre de poitrine de poulet, désossée et sans peau

2 tasses de bouillon de poulet

1 tasse de Yaourt Grec

1 tasse de persil frais haché

½ petite cuillère de sel de mer

¼ petite cuillère de poivre moulu

4 tasses de laitue hachée

1 tasse de tomates en cubes

½ tasse d'oignon tranché

1 paquet de tortillas (pauvre en glucides, au blé complet)

Préparation:

Mettez le bouillon de poulet et la chair du poulet dans une casserole sur feu moyen. Couvrez la casserole et laissez bouillir. Continuer à faire cuire pendant encore 10 à 15 minutes sur feu moyen-bas. Enlevez du feu et égouttez. Laissez reposer un moment. Découpez la viande en morceaux de la taille d'une bouchée.

Pendant ce temps, mélangez dans un grand bol, le Yaourt Grec, la viande de poulet, le persil, le sel et le poivre. Mélangez doucement jusqu'à ce que le poulet soit bien enrobé. Répandre ce mélange sur les tortillas et étalez la laitue, les tomates et les oignons dessus. Roulez et servez.

Valeurs Nutritives pour une tortilla:

Glucides 14.5 g

Sucre 2.5g

Protéines 21.5 g

Total Lipides5g

Sodium 568.2 mg

Potassium 83.2mg

Calcium 31mg

Fer 9mg

Vitamines (vitamine A; B-6; B-12; C; D; D2; D3; K; Riboflavine; Niacine; Thiamine; K)

Calories 167

2. Pâtes à l'Italienne

Ingrédients:

1 tasse de pâtes de blé complet

2 tasses de crevettes

1 tasse de poivron rouge découpé

1 grande cuillère de fromage Parmesan

4 grandes cuillères de Yaourt Grec

Préparation:

Faites cuire les pâtes selon les instructions du paquet. Bien égoutter et laissez reposer.

Pendant ce temps, mélangez les poivrons rouges, le Parmesan et le Yaourt Grec dans une casserole. Faites fondre sur un feu moyen et ajouter les crevettes. Faites sauter pendant 5 minutes.

Versez la sauce aux crevettes sur les pâtes et servez chaud.

Valeurs nutritives pour 100g:

Glucides 22g

Sucre 7g

Des Recettes Pour Construire Vos Muscles Au Bodybuilding Avant Et Après La Compétition

Protéines 23.2 g

Total Lipides 6.3g

Sodium 531.5 mg

Potassium 112.1mg

Calcium 28mg

Fer 8.2mg

Vitamines (vitamine A; B-6; B-12; C; D; D2; D3; K; Riboflavine; Niacine; Thiamine; K)

Calories 212

3. Burgers au coriandre et ail recouverts de Parmesan

Ingrédients:

2 boîtes de lentilles, égouttées

3 gousses d'ail émincées

½ tasse de chapelure

¼ tasse de fromage de Parmesan (fraîchement râpé c'est mieux, sinon prenez ce que vous avez)

1 œuf battu

2 tasses d'eau

½ tasse de farine

Sel et poivre à votre goût

Préparation:

Dans un bol de taille moyenne, écrasez les lentilles avec une fourchette puis mélangez avec l'ail, la chapelure et le fromage.

Formez des petits pâtés de burgers ; mettre de côté. Battre l'œuf et l'eau dans un bol ; la farine, le sel & le poivre dans un autre bol. Enrobez chaque pâté de burger avec le mélange de farine, trempez dans l'œuf battu, puis enrobez de nouveau avec la farine. Dans une grande poêle sur feu moyen-fort, faites chauffer de l'huile. Faites frire les burgers jusqu'à ce qu'ils soient légèrement brunis, environ 2 à 3 minutes de chaque côté.

Servez sur un pain chaud ou une pita chaude avec de la coriandre, du Yaourt, de l'oignon, des tomates et ce qui vous fait envie – mais ceci est optionnel !

Valeurs nutritives pour 100g:

Glucides 16.1g

Sucre 4.5g

Protéines 19.8g

Total Lipides 6.7g

Sodium 511mg

Potassium 96.1mg

Calcium 27mg

Fer 8.9mg

Vitamines (vitamine A; B-6; B-12; C; D; D2; D3; K; Riboflavine; Niacine; Thiamine; K)

Calories 195

4. Patate et fromage

Ingrédients:

3 patates moyennes

½ tasse de fromage blanc

¼ tasse de fromage Cheddar

¼ tasse purée de tomate

¼ tasse de persil haché

Directions

Préchauffez le four à 350 degrés. Lavez et épluchez les patates. Coupez chaque patate en 2 tranches et mettez au four pendant 30 minutes. Sortez du four.

Mélangez le fromage blanc et le fromage Cheddar dans un bol et tartinez sur les tranches de patates. Laissez fondre légèrement. Recouvrez avec la purée de tomates et le persil haché. Servez immédiatement.

Valeurs nutritives pour 100g:

Glucides 21.8g

Sucre 9.3g

Protéines 21g

Total Lipides 7g

Sodium 312 mg

Potassium 61mg

Calcium 19.7mg

Fer 5mg

Vitamines (vitamine A; B-6; B-12; C; D; D2; D3; K; Riboflavine; Niacine; Thiamine; K)

Calories 154

5. Lentilles au Curry

Ingrédients:

1 tasse de lentilles

1 tasse de crème faible en gras

4 tasses d'eau

¼ petite cuillère de sel

½ petite cuillère de coriandre en poudre

½ petite cuillère de piment de Cayenne

¼ petite cuillère de curcuma en poudre

1 petite cuillère de cumin moulu

1 oignon petit ou moyen (haché)

2 grandes cuillères de beurre

1 grande cuillère de persil chinois (pour la garniture)

Préparation:

Faites tremper les lentilles dans de l'eau fraîche pendant 1 heure ou toute la nuit, ceci rendra la cuisson plus facile et prendra moins de temps (mais c'est optionnel). Avant de cuisiner, rincez les lentilles et égouttez bien l'excès d'eau.

Versez de l'eau dans une grande casserole et faites bouillir, puis baissez le feu à moyen-bas. Versez les lentilles dans l'eau chaude versez les lentilles, l'ail, le sel, la coriandre, le piment et le curcuma en poudre. Couvrez et faites cuire jusqu'à ce que les lentilles soient tendres. Cela peut prendre de 30 minutes à 1 heure. Vous pouvez ajouter de l'eau si nécessaire.

Quand les lentilles sont tendres et bien cuites, faites fondre le beurre dans une casserole sur feu moyen-bas. Mélangez-y les oignons jusqu'à ce qu'ils soient brunis, puis ajoutez le cumin et faites frire 1 minute à feu bas. Remuez constamment.

Versez les oignons et le beurre dans les lentilles ; cuisinez pendant 5 à 8 minutes de plus. Ajoutez la crème faible en gras et laissez la fondre.

Garnir avec du persil haché et servir.

Valeurs nutritives pour 100g:

Glucides 18.1g

Sucre 6.1g

Protéines 17.5g

Total Lipides3g

Sodium 112mg

Potassium 43.3mg

Calcium 19mg

Fer 6mg

Vitamines (vitamine A; B-6; B-12; C; D; D2; D3; K; Riboflavine; Niacine; Thiamine; K)

Calories 97

6. Surprise du poulet d'hiver

Ingrédients:

1 livre de poulet désossé découpé

1 2/3 tasse de bouillon de poulet

2/4 tasse d'oignon haché

½ tasse de riz brun

½ tasse de fromage blanc

3 grandes cuillères de Yaourt Grec

¼ petite cuillère de sel

½ petite cuillère de basilic

¼ petite cuillère d'origan

¼ petite cuillère de thym écrasé

1/8 petite cuillère d'ail en poudre

1/8 petite cuillère de poivre

½ tasse de fromage râpé

Préparation:

Mélangez le poulet et les oignons dans une poêle et faites cuire sur feu moyen à fort jusqu'à ce que le poulet soit cuit. Ceci peut prendre à peu près entre 20 et 30 minutes.

Mettez le poulet et les oignons dans un grand bol et ajoutez-y le bouillon de poulet, le riz brun cru, le basilic, le sel, l'origan, le thym, l'ail en poudre, le poivre et le fromage blanc. Mélangez jusqu'à ce le tout soit bien homogène.

Mettez le mélange dans une casserole 1½ quart avec un couvercle bien hermétique.

Préchauffez le four à 250 degrés. Mettez la casserole couverte au four pendant environ 30 minutes, jusqu'à ce que le riz soit cuit, en remuant plusieurs fois pendant la cuisson.

Enlevez le couvercle et recouvrez avec le Yaourt Grec.

Mettez au four sans couvrir pendant 5 minutes de plus jusqu'à ce que le Yaourt soit entièrement fondu. Garnissez avec le persil avant de servir.

Valeurs nutritives pour 100g:

Glucides 16.1g

Sucre 2.5g

Protéines 23.5 g

Total Lipides 5g

Sodium 567.1 mg

Potassium 84.2mg

Calcium 33mg

Fer 9.4mg

Vitamines (vitamine A; B-6; B-12; C; D; D2; D3; K; Riboflavine; Niacine; Thiamine; K)

Calories 198

7. Champignons en tranches

Ingrédients:

1 patate douce

1 tasse de champignons de Paris frais

1 tasse de fromage blanc

3 blancs d'œufs

¾ tasse de graines de Chia

¾ de tasse de riz long grain

¾ de tasse de chapelure

1 petite cuillère d'estragon

1 petite cuillère de persil

1 petite cuillère d'ail en poudre

1 tasse d'épinards coupés

Préparation:

Versez 1 tasse d'eau dans une petite casserole. Porter à ébullition et faites-y cuire le riz jusqu'à ce qu'il soit légèrement collant. Ceci devrait prendre environ 10 minutes. Dans le même temps, faites cuire les graines de Chia dans une casserole à part, jusqu'à ce que ce soit tendre. Coupez finement les champignons. Lavez bien les épinards. Mélangez tous les ingrédients dans un grand bol. Mettez le bol dans le réfrigérateur pour rafraîchir pendant 15 à 30 minutes. Sortez le mélange du réfrigérateur et formez des galettes. Assurez-vous que la poêle est bien propre et graissée pour empêcher les galettes de coller. Faites frire chaque galette à feu moyen environ 5 minutes de chaque côté.

Valeurs nutritives pour 100g:

Glucides 19g

Sucre 7.5g

Protéines 22g

Total Lipides 5.8g

Sodium 532 mg

Potassium 83mg

Calcium 31.3mg

Fer 7mg

Vitamines (vitamine A; B-6; B-12; C; D; D2; D3; K; Riboflavine; Niacine; Thiamine; K)

Calories 186

Des Recettes Pour Construire Vos Muscles Au Bodybuilding Avant Et Après La Compétition

8. Graines de Chia – Mode Indienne

Ingrédients:

1 tasse de graines de Chia

1 tasse de crème faible en gras

2 gousses d'ail hachées

1 petite cuillère de gingembre moulu

¼ petite cuillère de sel

2 petits piments

1 petit oignon haché

Préparation:

Portez 3 tasses d'eau à ébullition. Mettez-y les graines de Chia et faites cuire pendant 30 minutes à basse température. Quand c'est devenu tendre, ajoutez les épices et mélangez bien. Faites cuire environ 5 à 10 minutes à basse température, en remuant fréquemment. Recouvrez avec la crème faible en gras.

Valeurs nutritives pour 100g:

Glucides 12.1g

Sucre 4.5g

Des Recettes Pour Construire Vos Muscles Au Bodybuilding Avant Et Après La Compétition

Protéines 15 g

Total Lipides 4g

Sodium 263.mg

Potassium 81 mg

Calcium 11mg

Fer 3mg

Vitamines (vitamine A; B-6; B-12; C; D; D2; D3; K; Riboflavine; Niacine; Thiamine; K)

Calories 111

9. Tranches de Poulet

Ingrédients:

1 tasse de filets de poulet découpés

3 grandes cuillères d'huile d'olive

2 grandes cuillères de gingembre, fraîchement hachés

2 gousses d'ail émincées

5 échalotes coupées en dés

1 grande cuillère de curry en poudre

4 carottes découpées

4 tasses de bouillon de poulet

Sel à votre goût

Poivre moulu à votre goût

Citron vert (lime)

Préparation:

Dans une poêle, chauffez l'huile à chaleur moyenne. Ajoutez-y l'ail, les échalotes, et le gingembre et faites sauter jusqu'à ce que ce soit attendri. Ajoutez-y les ingrédients restants, mélangez et portez à ébullition. Réduisez à feu bas, couvrez et laissez mitonner environ 20 minutes jusqu'à ce que la viande soit attendrie. Versez dans des bols et servez.

Valeurs nutritives pour 100g:

Glucides 13g

Sucre 5.5g

Protéines 19.3 g

Total Lipides 4g

Sodium 363.2 mg

Potassium 82.1mg

Calcium 21mg

Fer 4.3mg

Vitamines (vitamine A; B-6; B-12; C; D; D2; D3; K; Riboflavine; Niacine; Thiamine; K)

Calories 134

10. Burgers de Lentilles

Ingrédients:

1 gousse d'ail, épluchée

½ petite cuillère de sel

1 tasse de noix broyées

¼ petite cuillère de poivre noir finement moulu

2 tasses de lentilles rincées

2 petites cuillères d'huile de canola

2 morceaux de pain de blé coupés en morceaux grands de la taille de bouchées

4 buns de burger de blé

1 tasse de laitue découpée, oignon rouge et tomates

Préparation:

Hachez la gousse d'ail aussi finement que possible. Ajoutez les autres épices (sel et poivre) à la purée d'ail et mélangez bien. Ensuite, mettez les noix dans un robot de cuisine et hachez les bien avant de les ajouter à la purée d'ail. Ajoutez les morceaux de pain puis enfin, les lentilles. Mélangez bien, soit à la main, soit dans un robot de cuisine (je recommande le robot) jusqu'à ce que tous les ingrédients forment une masse. Avec ce mélange, faites 4 burgers. Vous êtes maintenant prêt à faire cuire ces beautés ! Chauffez l'huile dans une poêle à chaleur moyenne. Mettez-y les burgers jusqu'à ce que chacun soit joliment bruni de chaque côté. Ceci ne devrait pas prendre plus de 6 minutes. Mettez les burgers sur un bun, couvrez le et vous avez un repas protéiné délicieux et sain!

Valeurs nutritives pour 100g:

Glucides 25g

Sucre 13.2g

Protéines 26.3 g

Total Lipides 11g

Sodium 575 mg

Potassium 92mg

Calcium 28mg

Fer 9.7mg

Vitamines (vitamine A; B-6; B-12; C; D; D2; D3; K; Riboflavine; Niacine; Thiamine; K)

Calories 194

11. Soupe de Pois chiches & de Chili

Ingrédients:

2 petites cuillères de graines de cumin

½ tasse d'écailles de chili

½ tasse de lentilles

1 grande cuillère d'huile d'olive

1 oignon rouge haché

3 tasses de bouillon de légumes

1 tasse de tomates en boîte, entières ou coupées

½ tasse de pois chiches

Un petit bouquet de coriandre grossièrement découpé

4 grandes cuillères de Yaourt Grec, pour servir

Préparation:

Chauffez une grande casserole et cuisez à sec les graines de cumin et les écailles de Chili pendant 1 minute ou jusqu'à ce que ça saute dans la casserole et qu'ils délivrent leurs arômes. Ajoutez-y l'huile et l'oignon et faites cuire 5 minutes. Ajoutez les lentilles, le bouillon et les tomates en remuant, puis amener à ébullition. Laissez mijoter 15 minutes jusqu'à ce que les lentilles soient tendres.

Mixez la soupe avec un mélangeur à main ou un robot de cuisine jusqu'à obtenir une purée grossière, remettez dans la casserole et ajoutez les pois chiches. Chauffez doucement, assaisonnez bien et mélangez-y la coriandre. Finissez avec une bonne dose de Yaourt et des feuilles de coriandre.

Valeurs nutritives pour 100g:

Glucides 18g

Sucre 9.8g

Protéines 21g

Total Lipides 7g

Sodium 529mg

Potassium 63.1mg

Calcium 21mg

Fer 8.9mg

Vitamines (vitamine A; B-6; B-12; C; D; D2; D3; K; Riboflavine; Niacine; Thiamine; K)

Calories 120

12. Paella au Quinoa & Crevettes

Ingrédients:

1 livre de crevettes congelées, nettoyées

1 tasse de Quinoa sec

2 tasses de bouillon de poulet

1 oignon moyen coupé en dés

2 gousses d'ail émincées

1 grande cuillère d'huile d'olive

1 feuille de laurier

½ petite cuillère de piment rouge moulu

½ petite cuillère de poivre vert moulu

½ petite cuillère de poivre noir moulu

¼ petite cuillère de sel de mer

½ tasse de tomates sèches hachées

1 tasse de petits pois verts

1 petite cuillère d'assaisonnement de fruits de mer organiques

Préparation:

Préparez le quinoa selon les instructions du paquet. Pendant ce temps, lavez et égouttez les crevettes. Aspergez-les avec une pincée de sel et laissez-les dans le réfrigérateur.

Dans une grande casserole, faites chauffer l'huile à feu moyen. Ajoutez-y les oignons et mélangez bien. Faites frire environ 5 minutes. Ajoutez l'ail et faites sauter pendant 1 minute. Maintenant ajoutez le Quinoa, le bouillon de poulet et les épices. Couvrez et amenez à ébullition. Réduisez le feu et continuez à cuisiner pendant encore 10 à 15 minutes. Il ne faut plus qu'il reste de liquide.

Enlevez du feu et ajoutez-y les tomates séchées, les petits pois et les crevettes. Couvrez et laissez reposer pendant 5 minutes avant de servir.

Valeurs nutritives pour 1 tasse:

Glucides 31g

Sucre 3.8g

Protéines 27g

Total Lipides 6g

Sodium 412mg

Potassium 623mg

Calcium 171.7mg

Fer 0.83mg

Vitamines (vitamine C acide ascorbique total; B-6; B-12; Folate-DFE; A-RAE; A-IU; E-alpha-tocophérol; D; D-D2+D3; Thiamine; Niacine)

Calories 283

13. Graines de Chia à l'Anglaise

Ingrédients:

2 tasses de graines de Chia

2 grandes cuillères de Worcestershire Sauce

1 petite cuillère vinaigre de Malt

2 petites cuillères de sel

2 tasses d'eau

Préparation:

Il est préférable de faire tremper les graines pendant 8 à 12 heures, mais si vous ne pouvez pas, alors faites les cuire dans de l'eau pendant 35 à 45 minutes jusqu'à ce qu'elles commencent à s'attendrir.

Quand les graines de Chia commencent à s'attendrir, ajoutez les autres ingrédients. Faites cuire jusqu'à ce que les graines soient assez tendres pour qu'elles s'écrasent sous une grande cuillère.

Assurez-vous qu'il reste un peu d'eau dans la mixture jusqu'à la fin de la cuisson. C'est mieux d'ajouter une demi-tasse d'eau de temps en temps et de mélanger fréquemment.

Valeurs nutritives pour 100g:

Glucides 12g

Sucre 2 g

Protéines 11g

Total Lipides 3.4g

Sodium 166.9 mg

Potassium 73.1mg

Calcium 21mg

Fer 5.1mg

Vitamines (vitamine A; B-6; B-12; C; D; D2; D3; K; Riboflavine; Niacine; Thiamine; K)

Calories 146

14. Barbecue de petits pois

Ingrédients:

2 tasses de petits pois en boîte, lavés et rincés

5 tasses d'eau

½ tasse de Yaourt non gras

½ tasse de Yaourt Grec

2 grandes cuillères de sucre brun

1 grande cuillère de vinaigre

1 petite cuillère de moutarde

1 petite cuillère de Worcestershire sauce

2 petites cuillères de sauce tomate

1 petit oignon haché

Préparation:

Préchauffez votre four à 350 degrés. Versez les petits pois dans de l'eau et faites bouillir. Laissez bouillir pendant 30 minutes ou jusqu'à ce qu'ils soient tendres. Assurez-vous qu'ils restent entiers. Ajoutez tous les ingrédients aux petits pois bouillis et tendres, et mélangez la mixture pour qu'elle soit bien homogène. Versez les petits pois dans un plat allant au four et mettez au four pendant 45 minutes. Recouvrez avec le Yaourt Grec.

Valeurs nutritives pour 100g:

Glucides 22.3g

Sucre 6.1g

Protéines 23.1 g

Total Lipides6g

Sodium 428.1 mg

Potassium 73.2mg

Calcium 33mg

Fer 5mg

Vitamines (vitamine A; B-6; B-12; C; D; D2; D3; K; Riboflavine; Niacine; Thiamine; K)

Calories 167.5

15. Pâtes au blé Sarrazin (blé noir) avec de la Mozzarella

Ingrédients:

1 petit paquet de pâtes Sarrazin (blé noir)

½ tasse de graines de Chia en poudre

1 petite boîte de sauce tomate sans sucre

1 petite Mozzarella

1 petite cuillère de romarin

Huile d'olive

Sel

Préparation:

Préparez les pâtes selon les instructions du paquet. Lavez-les et égouttez-les. Découpez la Mozzarella en petits morceaux et mélangez à la sauce tomate. Ajoutez la poudre de graines de Chia à cette mixture. Faites cuire environ 10 minutes, en remuant fréquemment. Ajoutez le romarin, l'huile d'olive et le sel. Faites cuire encore pendant 4 à 5 minutes de plus et versez sur les pâtes.

Valeurs nutritives pour 100g:

Des Recettes Pour Construire Vos Muscles Au Bodybuilding Avant Et Après La Compétition

Glucides 20.1g

Sucre 8.5g

Protéines 21.3 g

Total Lipides 7g

Sodium 268mg

Potassium 73.3mg

Calcium 22mg

Fer 5mg

Vitamines (vitamine A; B-6; B-12; C; D; D2; D3; K; Riboflavine; Niacine; Thiamine; K)

Calories 160

16. Dinde aux légumes

Ingrédients:

1 livre de dinde, désossée et sans peau

1 bouquet d'épinards

1 tasse de brocoli découpé

¼ petite cuillère de sel de mer

¼ petite cuillère de piment rouge

Préparation:

Lavez et découpez la dinde en morceaux de la taille d'une bouchée. Mettez-les dans une grande casserole et ajoutez de l'eau jusqu'à couvrir la viande. Amener à ébullition à haute température. Cuisinez jusqu'à ce que la viande soit attendrie. Réduisez le feu, ajoutez les épinards et le brocoli. Mélangez bien et cuisinez encore pendant 15 minutes de plus, à très petit feu. Ajoutez les épices et servez chaud.

Valeurs nutritives pour 100g:

Glucides 10g

Sucre 2.4g

Protéines 17.5 g

Total Lipides 4.8g

Sodium 161.4 mg

Potassium 31.5mg

Calcium 11mg

Fer 5.9mg

Vitamines (vitamine A; B-6; B-12; C; D; D2; D3; K; Riboflavine; Niacine; Thiamine; K)

Calories 112

17. Ravioli aux épinards

Ingrédients:

3 tasses de farine de blé complet

2 tasses d'eau

3 œufs

3 blancs d'œufs

6 grandes cuillères d'huile d'olive

2 tasses d'épinards coupés

1 tasse de fromage blanc

1 tasse de Yaourt faible en gras

¼ petite cuillère de sel

¼ petite cuillère de poivre

Préparation:

Dans un grand bol, mélangez la farine, l'eau, les œufs, les blancs d'œufs, l'huile d'olive et une pincée de sel. Vous devez obtenir une pâte onctueuse. Couvrez et laissez reposer dans un endroit tiède environ 30 minutes.

Faites bouillir rapidement les épinards dans de l'eau salée, égouttez et découpez. Mélangez avec le fromage blanc, le Yaourt, le sel et le poivre.

Déroulez la pâte finement, découpez des ronds en utilisant un moule et mettez une cuillère de farce dans chaque hémisphère. Recollez la seconde partie de la pâte et pressez sur les bords avec une fourchette de manière à coller les bords pour que la farce ne tombe pas.

Cuisinez les raviolis dans de l'eau bouillante dans laquelle vous aurez ajouté un peu de sel et de l'huile d'olive. Cela devrait prendre 15 minutes. Retirez de la casserole égouttez et servez.

Valeurs nutritives pour 100g:

Glucides 21.7g

Sucre 9.5g

Protéines 28 g

Total Lipides5g

Sodium 571.3 mg

Potassium 92.3mg

Calcium 40mg

Fer 9.8mg

Vitamines (vitamine A; B-6; B-12; C; D; D2; D3; K; Riboflavine; Niacine; Thiamine; K)

Calories 181

18. Steak de veau grillé avec des légumes frais

Ingrédients:

1 steak de veau épais

1 carotte moyenne

1 bouquet de laitue

1 petite tomate

1 petit oignon

2 petites cuillères de Yaourt Grec

1 tasse de crème faible en gras

2 cornichons

¼ petite cuillère de sel

1/8 petite cuillère de poivre

2 grandes cuillères d'huile olive

Préparation:

Lavez le steak et séchez-le partiellement avec du papier de cuisine. Découpez en morceaux de la taille de bouchées et mettez de côté. Réchauffez l'huile d'olive à température moyenne et faites frire la viande environ 15 minutes, en remuant fréquemment. Enlevez du feu et laissez reposer.

Lavez et coupez les légumes en petits morceaux. Mélangez avec le Yaourt Grec et la crème faible en gras. Assaisonnez avec le sel et le poivre et mettez-y la viande.

Servez froid.

Valeurs nutritives pour 100g:

Glucides 22.3g

Sucre 6.2g

Protéines 23 g

Total Lipides 7g

Sodium 382.6 mg

Potassium 52mg

Calcium 21mg

Fer 5mg

Vitamines (vitamine A; B-6; B-12; C; D; D2; D3; K; Riboflavine; Niacine; Thiamine; K)

Calories 175

19. Saumon grillé

Ingrédients:

4 filets de saumon épais

2 grandes cuillères de jus de citron frais

¼ tasse de jus d'orange frais

¼ tasse de sauce de crème faible en gras

½ tasse d'oignons hachés

1 petite cuillère de persil sec

1 petite cuillère d'ail moulu

Du spray de cuisine

Préparation:

Dans un grand bol, mélangez le jus de citron, le jus d'orange, la sauce de crème faible en gras, les oignons, le persil et l'ail. Mixez bien pour faire une marinade. Ajoutez-y les filets de saumon. Couvrez le bol avec un couvercle bien hermétique et laissez reposer au réfrigérateur environ 1 heure.

Préparez une poêle à griller et aspergez-la avec le spray de cuisine. Faites chauffer à haute température et placez-y les filets de saumon. Faites frire environ 5 minutes de chaque côté. Vous pouvez les asperger avec la marinade pendant la cuisson. Servez immédiatement.

Valeurs nutritives pour 100g:

Glucides 17.2g

Sucre 3.5g

Protéines 21.5 g

Total Lipides5g

Sodium 528.1 mg

Potassium 84.1mg

Calcium 30mg

Fer 9mg

Vitamines (vitamine A; B-6; B-12; C; D; D2; D3; K; Riboflavine; Niacine; Thiamine; K)

Calories 171

20. Mix d'haricots et de champignons

Ingrédients:

2 tasses de champignons de Paris tranchés

1 tasse d'haricots verts en boîte cuisinés

½ tasse d'oignons hachés

1 grande cuillère de céleri frais haché

¼ tasse de vinaigre de pomme

4 grandes cuillères de sel de mer

5 grandes cuillères d'huile d'olive extra-vierge

1/3 tasse d'amandes grillées

1/3 tasse de figues sèches tranchées

Préparation:

Dans un bol de taille moyenne, mélangez les oignons avec le vinaigre de pomme et laissez reposer environ 10 à 15 minutes. Ajoutez le sel et 2 grandes cuillères d'huile d'olive.

Pendant ce temps, faites chauffer l'huile d'olive dans une grande casserole et ajoutez-y les champignons. Faites cuire pendant quelques minutes, en remuant constamment. Enlevez du feu quand les champignons ont perdu leur eau. Ajoutez les haricots, le céleri, les figues et les amandes dans la casserole. Mélangez bien avec les champignons. Faites frire encore plusieurs minutes puis enlevez du feu.

Versez la marinade d'oignon dessus et servez.

Valeurs nutritives pour 100g:

Glucides 22.7g

Sucre 7.1g

Protéines 19g

Total Lipides 7.4g

Sodium 570 mg

Potassium 71.2mg

Calcium 35.3mg

Fer 8mg

Vitamines (vitamine A; B-6; B-12; C; D; D2; D3; K; Riboflavine; Niacine; Thiamine; K)

Calories 167

21. Lentilles Rôties

Ingrédients:

½ tasse de lentilles crues

1 grande cuillère de sel

2 grandes cuillères d'huile d'olive

1 petite cuillère de poivre

1 petite cuillère de piment rouge en poudre

1 petite cuillère de cannelle en poudre

Préparation:

Vous devez d'abord faire cuire les lentilles. Versez environ 2 tasses d'eau dans une casserole et amener à ébullition. Ajoutez-y les lentilles et faites bouillir environ 15 à 20 minutes, jusqu'à ce qu'elles soient tendres à l'intérieur tout en gardant leur forme. Enlevez du feu et rincez bien avec de l'eau froide. Égouttez les lentilles et mettez-les de côté.

Préchauffez le four à 300 degrés. Dans un grand bol, couvrez les lentilles avec le sel, l'huile d'olive, le poivre, la poudre de piment rouge et la cannelle. Versez les lentilles dans un plat moyen allant au four et mettez au four pendant environ 20 minutes.

Préparées ainsi, les lentilles peuvent être conservées dans une boîte avec un couvercle étanche environ 15 jours.

Valeurs nutritives pour 100g:

Glucides 19g

Sucre 7.5g

Protéines 17 g

Total Lipides4.3g

Sodium 188mg

Potassium 72 mg

Calcium 27mg

Fer 5.9mg

Vitamines (vitamine A; B-6; B-12; C; D; D2; D3; K; Riboflavine; Niacine; Thiamine; K)

Calories 123

22. Graines de Chia avec du Curry & du citron vert frais

Ingrédients:

3 petites cuillères d'huile végétale

2 grandes cuillères de gingembre fraîchement râpé

2 gousses d'ail émincées

3 carottes découpées

1 grande patate découpée

1 petit oignon haché

1 tasse de graines de Chia sèches

4 tasses de bouillon de poulet

1 petite cuillère de curry en poudre

¾ petite cuillère de sel

¼ petite cuillère de poivre

Des quartiers de citron vert (lime) pour servir

Préparation:

Chauffez l'huile dans une grande casserole sur feu moyen. Ajoutez-y le gingembre, l'ail, les carottes découpées, les patates et les oignons. Faites sauter jusqu'à ce que les légumes deviennent tendres. Ajoutez-y les graines de Chia, le bouillon et l'assaisonnement, en remuant bien sur feu moyen jusqu'à ébullition. Couvrez, remettez le feu sur moyen-bas et laissez mijoter pendant 15 à 20 minutes, en remuant de temps en temps, jusqu'à ce que les graines soient tendres et que le liquide soit presque entièrement absorbé. Servez avec les quartiers de citron vert frais.

Valeurs nutritives pour 100g:

Glucides 27g

Sucre 11g

Protéines 26.7 g

Total Lipides8g

Sodium 598 mg

Potassium 92.1mg

Calcium 41mg

Fer 11mg

Vitamines (vitamine A; B-6; B-12; C; D; D2; D3; K; Riboflavine; Niacine; Thiamine; K)

Calories 182

23. Légumes Frais a la Facon Mexicaine

Ingrédients:

1 ½ tasse de légumineuses fraîches, hachées

1 ½ cuillère à soupe de poudre de piment rouge ou une cuillère à soupe de poivre de Cayenne

1 ½ cuillère à soupe de flocons d'oignon ou 1 cuillère à soupe de poudre d'oignon

¾ c d'origan

¾ cuillère à café de poudre d'ail

¾ cuillère à café de cumin moulu

¾ c de sel

3 tasses d'eau pour commencer (ajouter plus durant tout le processus de cuisson)

Préparation:

Il est préférable de faire tremper les légumineuses la veille. Lavez-les dans une passoire, puis les mettre dans une casserole et les couvrir avec beaucoup d'eau et laisser tremper pendant 24 heures. Puis égouttez les légumineuses. Dans une grande poêle, répartir les légumineuses et ajouter trois tasses d'eau. Ajouter les épices de la recette et faire cuire à feu moyen jusqu'à ce que les légumineuses soient assez tendres et qu'on puisse les écraser. Vous aurez besoin d'ajouter plus d'eau au cours du processus de cuisson, car vos légumes vont continuer à l'absorber. Ajouter de l'eau une demi-tasse à la fois, juste assez pour garder le mélange humide avec un peu de liquide visible. Le processus de cuisson entière prendra environ 45 minutes. Les légumineuses doivent être tendres. Écraser après la cuisson si vous le préférez.

Valeurs nutritionnelles par 100g:

17.1g Glucides

3.5g sucre

20,5g Protéines

5g total de graisse

568mg de sodium

81.2mg de Potassium

30mg de Calcium

5.1mg Fer

Vitamines (vitamine A; B-6; B-12, C, D; D2; D3; K; riboflavine; niacine; thiamine; K)

Calories 177

24. Crevettes au citron

Ingrédients:

1 livre de grandes crevettes épluchées

2 grandes cuillères de jus de citron

2 citrons frais coupés en tranches fines

5 grandes cuillères d'huile d'olive

½ petite cuillère de sel de mer

½ petite cuillère de piment rouge moulu

½ petite cuillère de poivre noir moulu

1 grande cuillère d'ail émincé

10 feuilles de laurier

Préparation:

Lavez et égouttez vos crevettes. Dans un grand bol mélangez le jus de citron, 3 grandes cuillères d'huile d'olive, le sel de mer, le piment rouge et le poivre noir, les feuilles de laurier, et l'ail pour faire une marinade. Trempez les crevettes dedans. Couvrez le bol et mettez-le au réfrigérateur pour environ 10 minutes.

Chauffez 2 grandes cuillères d'huile d'olive dans une poêle sur feu fort. Faites-y frire les crevettes, en remuant constamment. Si nécessaire ajoutez de la marinade pendant la cuisson.

Décorez avec les tranches de citron et servez.

Valeurs nutritives pour 100g:

Glucides 11g

Sucre 6.5g

Protéines 17.1 g

Total Lipides 6g

Sodium 232.1 mg

Potassium 53.1mg

Calcium 32mg

Fer 4mg

Vitamines (vitamine A; B-6; B-12; C; D; D2; D3; K; Riboflavine; Niacine; Thiamine; K)

Calories 124

25. Casserole Nacho

Ingrédients:

1 livre de viande de bœuf hachée

1 petit oignon épluché et haché

1 tasse de haricots rouges épicés

½ tasse de maïs en boîte cuits

½ tasse de sauce tomate sans sucre

2 grandes cuillères d'assaisonnement Taco

1 tasse de fromage blanc

1 tasse d'oignons verts hachés

Préparation:

Faites cuire la viande de bœuf hachée sur un feu moyen-fort, en remuant de temps en temps. Ceci devrait prendre environ 30 minutes. Enlevez du feu et égouttez bien. Coupez en morceaux de la taille d'une bouchée et mélangez avec les haricots rouges, le maïs, la sauce tomate et l'assaisonnement. Mélangez bien et laissez mijoter sur feu moyen environ 10 minutes.

Préchauffez le four à 350 degrés. Versez la moitié de ce mélange dans une casserole allant au four. Recouvrez avec les oignons verts et rajoutez le reste du mélange de bœuf. Mettez au four pendant environ 25 minutes.

Valeurs nutritives pour 100g:

Glucides 27g

Sucre 6.5g

Protéines 29.5 g

Total Lipides11g

Sodium 611 mg

Potassium 72mg

Calcium 27mg

Fer 6.7mg

Vitamines (vitamine A; B-6; B-12; C; D; D2; D3; K; Riboflavine; Niacine; Thiamine; K)

Calories 198

26. Poisson Bar Rayé

Ingrédients:

4 grands poissons Bars Rayés

1 grande cuillère d'huile d'olive

½ petite cuillère de sel de mer

¼ petite cuillère de poivre noir

1 tasse de fromage blanc

Préparation:

Mélangez l'huile, le sel et le poivre. Utilisez une brosse de cuisine pour étaler cette mixture sur le poisson. Faites griller le poisson à température moyenne-haute pendant 5 minutes de chaque côté. Servez avec le fromage blanc.

Valeurs nutritives pour 100g:

Glucides 9.8g

Sucre 2.5g

Protéines 24 g

Total Lipides 3g

Sodium 112 mg

Potassium 24mg

Calcium 12mg

Fer 2.3mg

Vitamines (vitamine A; B-6; B-12; C; D; D2; D3; K; Riboflavine; Niacine; Thiamine; K)

Calories 143

27. Mix de Poulet

Ingrédients:

2 grands filets de poulet désossés

1 tomate moyenne, épluchée et découpée

1 carotte, épluchée et râpée

1 oignon, épluché et haché

3 grandes cuillères d'huile d'olive

3 grandes cuillères de crème fraiche

¼ petite cuillère de sel

Préparation:

Lavez la viande et tamponnez-la avec du papier de cuisine pour la sécher. Découpez en morceaux de la taille d'une bouchée. Faites chauffer l'huile dans une casserole sur feu moyen-haut. Ajoutez-y la viande et faites frire environ 15 minutes, en remuant de temps en temps.

Pendant ce temps, épluchez et découpez les légumes en petits morceaux. Ajoutez-les dans la casserole et mélangez bien avec la viande. Faites frire sur basse température pendant encore 10 minutes, ou jusqu'à ce que tout le liquide soit évaporé. Enlevez de la casserole. Ajoutez la crème fraiche et le sel. Servez chaud.

Valeurs nutritives pour 100g:

Glucides 24g

Sucre 11.5g

Protéines 29.5 g

Total Lipides10g

Sodium 462.1 mg

Potassium 63.1mg

Calcium 11mg

Fer 5.6mg

Vitamines (vitamine A; B-6; B-12; C; D; D2; D3; K; Riboflavine; Niacine; Thiamine; K)

Calories 165

28. Steak & Salade

Ingrédients:

1 steak mince

5 feuilles de laitue

1 petite cuillère de radicchio découpés

2-3 feuilles de roquette

4 grandes cuillères d'huile d'olive

3 tranches de citron

1 tomate

¼ tasse de noix broyées

½ tasse de fromage blanc

¼ petite cuillère de sel

Préparation:

Lavez le steak et tamponnez-le avec du papier de cuisine pour le sécher. Faites chauffer l'huile d'olive dans une poêle à température moyenne et faites frire la viande environ 10 minutes de chaque côté, ou jusqu'à ce que le steak soit tendre. Enlevez de la poêle et enlevez l'excès d'huile avec un papier de cuisine. Découpez en cubes et mettez de côté.

Lavez les légumes et découpez-les dans un grand bol. Ajoutez la viande, les noix broyées et le fromage blanc. Assaisonnez avec le sel et décorez avec les tranches de citron avant de servir.

Valeurs nutritives pour 100g:

Glucides 29g

Sucre 14.2g

Protéines 31 g

Total Lipides13g

Sodium 602 mg

Potassium 97mg

Calcium 33mg

Fer 11mg

Vitamines (vitamine A; B-6; B-12; C; D; D2; D3; K; Riboflavine; Niacine; Thiamine; K)

Calories 202

29. Fruits de mer – à la Méditerranéenne

Ingrédients:

1 petit paquet de mélange de fruits de mer surgelés

1 grande cuillère d'huile d'olive

1 petit oignon

1 tasse de tomates-cerises

1 petite cuillère de romarin haché

¼ petite cuillère de sel

1 grande cuillère de jus de citron fraîchement pressé

Préparation :

Faites chauffer l'huile d'olive dans une casserole. Faites-y frire les fruits de mer surgelés environ 15 minutes, sur un feu à température moyenne (goûtez le poulpe, il prend le plus de temps à s'attendrir). Vous pouvez ajouter de l'eau si nécessaire – à peu près ¼ de tasse devrait suffire. Remuez de temps en temps. Enlevez de la casserole et laissez reposer environ 1 heure.

Pendant ce temps, découpez les légumes en tout petits morceaux. Dans un grand bol, mélangez les légumes avec les fruits de mer et assaisonnez avec le sel, le romarin et le jus de citron. Servez froid.

Valeurs nutritives pour 100g:

Glucides 18.3g

Sucre 5.5g

Protéines 20.5 g

Total Lipides 3.4g

Sodium 390.2 mg

Potassium 53mg

Calcium 22mg

Fer 7mg

Vitamines (vitamine A; B-6; B-12; C; D; D2; D3; K; Riboflavine; Niacine; Thiamine; K)

Calories 114

30. Dorade de mer grillée

Ingrédients:

1 Dorade de mer fraiche, écaillée et éviscérée

1 bouquet de persil frais, finement haché

¼ tasse de jus de citron fraichement pressé

4 grandes cuillères d'huile d'olive

¼ petite cuillère de sel de mer

Préparation:

Lavez le poisson, et en utilisant vos mains, trempez le poisson dans le jus de citron et dans l'huile d'olive. Faites-le griller sur un feu moyen pendant 15 à 20 minutes, jusqu'à ce qu'il soit d'une jolie couleur brune dorée. Enlevez du feu et parsemez avec le persil frais. Servez immédiatement.

Valeurs nutritives pour 100g:

Glucides 10.g

Sucre 2.5g

Protéines 23.5 g

Total Lipides 11g

Sodium 534.2 mg

Potassium 81.2mg

Calcium 32mg

Fer 7mg

Vitamines (vitamine A; B-6; B-12; C; D; D2; D3; K; Riboflavine; Niacine; Thiamine; K)

Calories 170

31. Steak de thon frit

Ingrédients:

4 pièces de steak de thon (environ 1 once chacune)

¼ tasse de jus de citron

1 petite cuillère de sel de mer

½ petite cuillère de piment rouge

2 grandes cuillères de persil haché

2 grandes cuillères de romarin haché

6 grandes cuillères d'huile d'olive

6 gousses d'ail hachées

Préparation:

Dans un grand bol, mélangez le jus de citron, les 2 grandes cuillères d'huile d'olive, le sel de mer, le piment rouge, le persil haché et le romarin haché. Mélangez tous les ingrédients pour faire une marinade onctueuse. Mettez les steaks de thon dans cette marinade et couvrez-les avec un couvercle hermétique. Laissez reposer au réfrigérateur environ 1 heure.

Préchauffez 4 grandes cuillères d'huile d'olive sur un feu fort. Faites frire les steaks de thon pendant 5 à 6 minutes de chaque côté. Enlevez du feu et servez.

Valeurs nutritives pour 100g:

Glucides 16.1g

Sucre 8.5g

Protéines 24.1 g

Total Lipides5.3g

Sodium 511.1 mg

Potassium 82.1mg

Calcium 23mg

Fer 4mg

Vitamines (vitamine A; B-6; B-12; C; D; D2; D3; K; Riboflavine; Niacine; Thiamine; K)

Calories 151

32. Calmars au citron

Ingrédients:

8 grandes tentacules de calmars

¼ tasse de jus de citron

3 gousses d'ail hachées

1 grande cuillère de romarin haché

5 grandes cuillères d'huile d'olive

1 petite cuillère de sel de mer

¼ petite cuillère de poivre

1 grande cuillère de zeste de citron frais

Quelques feuilles de persil frais

Préparation:

Mélangez le jus de citron, l'ail, le romarin haché, le sel de mer, le poivre et le zeste de citron dans un bol. Remplissez les tentacules de calmars avec ce mélange. Laissez reposer environ 1 heure. Dans une poêle, préchauffez l'huile d'olive à forte température. Mettez les tentacules de calmars dans la poêle et faites frire pendant 5 minutes de chaque côté. Décorez avec quelques feuilles de persil frais avant de servir.

Valeurs nutritives pour 100g:

Glucides 18g

Sucre 7.5g

Protéines 20 g

Total Lipides 6g

Sodium 462.1 mg

Potassium 53.2mg

Calcium 30mg

Fer 9.6mg

Vitamines (vitamine A; B-6; B-12; C; D; D2; D3; K; Riboflavine; Niacine; Thiamine; K)

Calories 127

33. Bœuf grillé aux amandes

Ingrédients:

3 grands steaks de viande de bœuf

1 gros oignon coupé en tranches

4 tasses de jeunes épinards hachés

1 petite cuillère d'ail haché

½ petite cuillère de gingembre émincé

¼ tasse de jus de citron

¼ tasse d'amandes

1 grande cuillère de jus de citron vert (lime)

2 grandes cuillères d'eau

1 grande cuillère de sauce organique de poisson sans sucre

4 grandes cuillères d'huile végétale

Préparation

Lavez les steaks de bœuf et tamponnez-les avec du papier de cuisine pour les sécher. Découpez-les en morceaux de la taille d'une bouchée. Mettez-les de côté.

Épluchez l'oignon et découpez-le en tranches fines. Faites chauffer l'huile végétale sur feu moyen et faites frire les oignons jusqu'à ce qu'ils aient une couleur brune dorée. Ajoutez-y les jeunes épinards et l'ail. Mélangez bien et faites frire environ 5 minutes, jusqu'à ce que l'eau des épinards soit évaporée. Mélangez bien et enlevez du feu.

Dans un grand bol, mélangez les jeunes épinards avec le gingembre, le jus de citron, l'eau, les amandes et la sauce de poisson. Mélangez bien avec une fourchette. Trempez-y les steaks et mettez-les dans la poêle. Ajoutez de l'eau si nécessaire. Faites cuire à basse température environ 30 minutes en remuant de temps en temps.

Quand l'eau est évaporée, enlevez du feu et ajoutez le jus de citron. Laissez refroidir environ 20 à 30 minutes et servez.

Valeurs nutritives pour 100g:

Glucides 29.1g

Sucre 16.1g

Protéines 33 g

Total Lipides 12g

Sodium 521.4 mg

Potassium 84.1mg

Calcium 21mg

Fer 8mg

Vitamines (vitamine A; B-6; B-12; C; D; D2; D3; K; Riboflavine; Niacine; Thiamine; K)

Calories 243

34. Poulet vert

Ingrédients:

3 morceaux de poitrine de poulet (environ 1 livre)

2 tasses d'épinards hachés

1 tasse de Yaourt faible en gras

3 poivrons verts

3 piments

2 petits oignons hachés

1 grande cuillère de gingembre moulu

1 petite cuillère de piment rouge en poudre

4 grandes cuillères d'huile

Sel à votre goût

Préparation:

Lavez les morceaux de poulet et tamponnez-les avec du papier de cuisine pour les sécher. Découpez-les en morceaux de la taille de bouchées. Coupez l'oignon et les poivrons finement et mettez-les de côté.

Chauffez l'huile dans une grande casserole. Ajoutez-y les oignons et les poivrons et faites sauter pendant quelques minutes. Puis ajoutez les morceaux de poitrine de poulet, le gingembre moulu, le piment rouge en poudre et le sel. Faites frire en remuant pendant 10 minutes, ou jusqu'à ce que le poulet devienne légèrement brun.

Pendant ce temps, mélangez le Yaourt faible en gras et les épinards dans un robot de cuisine. Mixez bien pendant 30 secondes. Ajoutez ce mélange dans la casserole et faites frire jusqu'à ce que les épinards deviennent de la purée. Couvrez la casserole, enlevez du feu et laissez reposer 10 minutes avant de servir.

Valeurs nutritives pour 100g:

Glucides 21g

Sucre 7.2g

Protéines 25.1 g

Total Lipides7g

Sodium 668.2 mg

Potassium 73.7mg

Calcium 22mg

Fer 8mg

Vitamines (vitamine A; B-6; B-12; C; D; D2; D3; K; Riboflavine; Niacine; Thiamine; K)

Calories 173

35. Cubes de noix de coco

Ingrédients:

3 grands morceaux de poitrine de poulet désossés et sans peau

1 tasse de flocons de noix de coco, non sucrés

½ tasse de farine de riz

1 gros œuf

2 blancs d'œufs

1 tasse de lait d'amandes

¼ petite cuillère de piment rouge moulu en poudre

3 grandes cuillères d'huile de noix de coco

Préparation:

Lavez la poitrine de poulet et tamponnez-la avec du papier cuisine pour la sécher. Découpez-la en tranches de 1 pouce d'épaisseur. Saupoudrez de piment et mettez-la dans un grand bol. Ajoutez la farine de riz, le lait d'amandes, l'œuf et les blancs d'œufs et mélangez bien. Trempez le poulet dans ce mélange. Ajoutez-y les noix de coco et enlevez l'excès de liquide.

Faites chauffer l'huile de noix de coco à température moyenne. Faites-y frire les tranches de poulet environ 10 minutes. Enlevez de la casserole et servez.

Valeurs nutritives pour 100g:

Glucides 26g

Sucre 9.5g

Protéines 31.5 g

Total Lipides11g

Sodium 598.1 mg

Potassium 93.2mg

Calcium 21mg

Fer 7.8mg

Vitamines (vitamine A; B-6; B-12; C; D; D2; D3; K; Riboflavine; Niacine; Thiamine; K)

Calories 197

Des Recettes Pour Construire Vos Muscles Au Bodybuilding Avant Et Après La Compétition

DES SHAKES A CONSOMMER APRES LA COMPETITION DE BODYBUILDING

1. **Shake d'Avoines et d'Amandes**
   Temps de Préparation: 5 minutes
   Portions: 3

1. *Ingrédients:*

   220ml de lait
   1 cuillère amandes (grinded) (15g)
   1 cuillère de Flocons d'avoine (15g)
   1 cuillère à café de sirop d'érable (5g)
   ½ cuillère à café d'extrait de vanille (2-3g)
   2 cuillère de yaourt Grec (30g)
   30g de Protéines de Lactosérum

2. *Préparation:*

   Tous les ingrédients vont dans un mélangeur et sont mélanges jusqu'à obtention d'une consistance lisse.

3. *Composants nutritionnels (quantité par 100ml / composition entière):*
   Contient du calcium, du fer;

Des Recettes Pour Construire Vos Muscles Au Bodybuilding Avant Et Après La Compétition

Calories: 111	Calories: 333
Calories provenant des matières grasses: 29	Calories provenant des matières grasses: 86
Lipides Total: 3.2g	Lipides Total: 9.5g
Lipides saturés: 0.7g	Lipides saturés: 2.1g
Cholesterol: 21mg	Cholesterol: 64mg
Sodium: 58mg	Sodium: 175mg
Potassium: 182mg	Potassium: 547mg
Total Carbohydrates: 9.3g	Total Carbohydrates: 27.9g
Fibres alimentaires: 0.8g	Fibres alimentaires: 2.6g
Sucre: 5.1g	Sucre: 15.3g
Protéines: 11.1g	Protéines: 33.5g

2. Shake de Farine d'Avoine et de Peppermint

Temps de Préparation: 5 minutes
Portions: 5

1. Ingrédients:

70g farine d'avoine
30g flocons de son
300ml lait
50g fromage blanc
½ cuillère à café d'extrait de peppermint (3g)
30g glace (vanille/Chocolat)
50g protéine de lactosérum (Chocolat)

2. Préparation:

Mélanger tous les ingrédients dans un mélangeur jusqu'à ce que la composition soit lisse.

3. Composants nutritionnels (quantité par 100ml / composition entière):

Contient de la De la Vitaminee A, du calcium, du fer.

Des Recettes Pour Construire Vos Muscles Au Bodybuilding Avant Et Après La Compétition

Calories: 180	Calories: 900
Calories provenant des matières grasses: 51	Calories provenant des matières grasses: 253
Lipides Total: 5.6g	Lipides Total: 28.1g
Lipides saturés: 2.9g	Lipides saturés: 14.4g
Cholesterol: 30mg	Cholesterol: 151mg
Sodium: 111mg	Sodium: 555mg
Potassium: 179mg	Potassium: 869mg
Total Carbohydrates: 20.7g	Total Carbohydrates: 104g
Fibres alimentaires: 2.5g	Fibres alimentaires: 12.4g
Sucre: 6.2g	Sucre: 31.2g
Protéines: 12.6g	Protéines: 63.2g

3. Amandes Shake

Temps de Préparation: 5 minutes
Portions: 5

1. *Ingrédients:*

220ml lait d'amandes
120g farine d'avoine
50g de Protéines de Lactosérum
80g raisins
20g amandes (grinded)
1 cuillère peanut butter (15g)

2. *Préparation:*

Mélanger tous les ingrédients dans un mélangeur jusqu'à ce que la composition soit lisse

3. *Composants nutritionnels (quantité par 100ml / composition entière):*

Contient : De la Vitamine C, du fer, du calcium.

Des Recettes Pour Construire Vos Muscles Au Bodybuilding Avant Et Après La Compétition

Calories: 241	Calories: 1207
Calories provenant des matières grasses: 61	Calories provenant des matières grasses: 304
Lipides Total: 6.7g	Lipides Total: 33.7g
Lipides saturés: 1.6g	Lipides saturés: 8g
Cholesterol: 24mg	Cholesterol: 122mg
Sodium: 57mg	Sodium: 283mg
Potassium: 339mg	Potassium: 1693mg
Total Carbohydrates: 33.8g	Total Carbohydrates: 169g
Fibres alimentaires: 3.7g	Fibres alimentaires: 18.5g
Sucre: 12.5g	Sucre: 62.3g
Protéines: 13.9g	Protéines: 69.4g

4. Banana & Amandes Shake

Temps de Préparation: 5 minutes
Portions: 5

1. Ingrédients:

2 bananas
230ml lait d'amandes
20g amandes (grinded)
10g pistachios (grinded)
40g de Protéines de Lactosérum

2. Préparation:

Mélanger tous les ingrédients dans un mélangeur jusqu'à ce que la composition soit lisse

3. Composants nutritionnels (quantité par 100ml / composition entière):

Contient des De la Vitaminees A, C, du fer, du calcium.

Calories: 241	Calories: 1073
Calories provenant des matières grasses: 61	Calories provenant des matières grasses: 659
Lipides Total: 6.7g	Lipides Total: 73.2g
Lipides saturés: 1.6g	Lipides saturés: 52.1g
Cholesterol: 24mg	Cholesterol: 83mg
Sodium: 57mg	Sodium: 109mg
Potassium: 339mg	Potassium: 1934mg
Total Carbohydrates: 33.8g	Total Carbohydrates: 78.7g
Fibres alimentaires: 3.7g	Fibres alimentaires: 14.8g
Sucre: 12.5g	Sucre: 39.4g
Protéines: 13.9g	Protéines: 42.8g

5. Shake aux Baies Sauvages

Temps de Préparation: 5 minutes
Portions: 7

1. Ingrédients:

30g de fraises
30g de Myrtilles
30g de framboises
30g de Groseilles
500ml lait
60g de Protéines de Lactosérum
1 cuillère à café extrait de vanille (5g)
1 cuillère à café d'extrait de citron (5g)

2. Préparation:

Mélanger tous les ingrédients dans un mélangeur jusqu'à ce que la composition soit lisse. Vous pouvez ajouter quelques glaçons dans le mélange.

Composants nutritionnels (quantité par 100ml / composition entière):

Contient de la De la Vitaminee A, C, du fer, du calcium.

Des Recettes Pour Construire Vos Muscles Au Bodybuilding Avant Et Après La Compétition

Calories: 78	Calories: 549
Calories provenant des matières grasses: 19	Calories provenant des matières grasses: 131
Lipides Total: 2.1g	Lipides Total: 14.6g
Lipides saturés: 1.2g	Lipides saturés: 8.1g
Cholesterol: 24mg	Cholesterol: 167mg
Sodium: 50mg	Sodium: 351mg
Potassium: 119mg	Potassium: 832mg
Total Carbohydrates: 6.7g	Total Carbohydrates: 46.9g
Fibres alimentaires: 0.7g	Fibres alimentaires: 4.6g
Sucre: 4.7g	Sucre: 33g
Protéines: 8.7g	Protéines: 61g

6. Shake aux fraises

Temps de Préparation: 5 minutes
Portions: 5

1. Ingrédients:

30g de fraises
100g De yaourt Grec
200ml lait
40g de Protéines de Lactosérum
2 oeufs
20g sweetener (de miel/ brown Sucre)
ice cubes
1 cuillère à café extrait de vanille (5g)

2. Préparation:

Mélanger tous les ingrédients dans un mélangeur jusqu'à ce que la composition soit lisse

The De yaourt Grec can have different aromas like vanilla or strawberry, or just be plain yogurt. It works will all flavors.

3. Composants nutritionnels (quantité par 100ml / composition entière):

Contient De la Vitamine A, C, du fer, du calcium.

Des Recettes Pour Construire Vos Muscles Au Bodybuilding Avant Et Après La Compétition

Calories: 96	Calories: 508
Calories provenant des matières grasses: 32	Calories provenant des matières grasses: 157
Lipides Total: 3.5g	Lipides Total: 17.4g
Lipides saturés: 1.6g	Lipides saturés: 8g
Cholesterol: 87mg	Cholesterol: 433mg
Sodium: 65mg	Sodium: 326mg
Potassium: 131mg	Potassium: 656mg
Total Carbohydrates: 9.2g	Total Carbohydrates: 45.9g
Fibres alimentaires: 2.5g	Fibres alimentaires: 12.4g
Sucre: 3.4g	Sucre: 17.2g
Protéines: 11.3g	Protéines: 56.6g

7. Strawberry Vanilla Shake

Temps de Préparation: 5 minutes
Portions: 7

1. Ingrédients:

100g de fraises
1 banana
1 cuillère à café extrait de vanille (5g)
1 cuillère d'extrait de fraises (15g)
50g Flocons d'avoine
200ml lait
5 oeufs
Glaçons

2. Préparation:

Mélanger tous les ingrédients dans un mélangeur jusqu'à ce que la composition soit lisse

3. Composants nutritionnels (quantité par 100ml / composition entière):

Contient De la Vitamine A, C, du fer, du calcium.

Des Recettes Pour Construire Vos Muscles Au Bodybuilding Avant Et Après La Compétition

Calories: 112	Calories: 782
Calories provenant des matières grasses: 39	Calories provenant des matières grasses: 271
Lipides Total: 4.3g	Lipides Total: 30.1g
Lipides saturés: 1.4g	Lipides saturés: 10.1g
Cholesterol: 119mg	Cholesterol: 835mg
Sodium: 59mg	Sodium: 421mg
Potassium: 170mg	Potassium: 1189mg
Total Carbohydrates: 11.7g	Total Carbohydrates: 82g
Fibres alimentaires: 1.4g	Fibres alimentaires: 10.1g
Sucre: 4.6g	Sucre: 32.5g
Protéines: 6.1g	Protéines: 43g

8. Shake aux Fraises et aux Noix

Temps de Préparation: 5 minutes

Portions: 4

1. Ingrédients:

50g de fraises

50g mix de noix (émincées)

200ml lait

100g de Yaourt Grec

2 cuillères Flocons d'avoine (30g)

2. Préparation:

Mélanger tous les ingrédients dans un mélangeur jusqu'à ce que la composition soit lisse

3. Composants nutritionnels (quantité par 100ml / composition entière):

Contient De la Vitamine A, C, du fer, du calcium.

Des Recettes Pour Construire Vos Muscles Au Bodybuilding Avant Et Après La Compétition

Calories: 140	Calories: 417
Calories provenant des matières grasses: 81	Calories provenant des matières grasses: 324
Lipides Total: 9g	Lipides Total: 36g
Lipides saturés: 1.4g	Lipides saturés: 5.4g
Cholesterol: 1mg	Cholesterol: 5mg
Sodium: 80mg	Sodium: 321mg
Potassium: 125mg	Potassium: 499mg
Total Carbohydrates: 9.2g	Total Carbohydrates: 36.9g
Fibres alimentaires: 1.4g	Fibres alimentaires: 5.5g
Sucre: 4.3g	Sucre: 17.1g
Protéines: 6.9g	Protéines: 27.6g

9. Shake aux Framboises

Temps de Préparation: 5 minutes
Portions: 4

1. Ingrédients:

50g de Protéine de Lactosérum
100g de framboises
30g de fraises
50g crème aigre
200ml lait
1 cuillère à café extrait de lime (5g)

2. Préparation:

Mélanger tous les ingrédients dans un mélangeur jusqu'à ce que la composition soit lisse

3. Composants nutritionnels (quantité par 100ml / composition entière):

Contient De la Vitamine A, C, B-12, du fer, du calcium.

Des Recettes Pour Construire Vos Muscles Au Bodybuilding Avant Et Après La Compétition

Calories: 116	Calories: 465
Calories provenant des matières grasses: 41	Calories provenant des matières grasses: 166
Lipides Total: 4.6g	Lipides Total: 18.4g
Lipides saturés: 2.6g	Lipides saturés: 10.6g
Cholesterol: 36mg	Cholesterol: 143mg
Sodium: 54mg	Sodium: 214mg
Potassium: 168mg	Potassium: 670mg
Total Carbohydrates: 8.1g	Total Carbohydrates: 32.5g
Fibres alimentaires: 1.8g	Fibres alimentaires: 7.1g
Sucre: 4.2g	Sucre: 16.8g
Protéines: 11.4g	Protéines: 45.5g

10. Shake aux Myrtilles

Temps de Préparation: 5 minutes
Portions: 6

1. Ingrédients:

250g de Myrtilles
50g Crème aigre
80g Flocons d'avoine
100ml lait de noix de coco
160g purée de citrouille
Cannelle, muscade pour Saupoudrer

2. Préparation:

Mélanger tous les ingrédients dans un mélangeur jusqu'à ce que la composition soit lisse

3. Composants nutritionnels (quantité par 100ml / composition entière):

Contient De la Vitamine A, C, du fer, du calcium.

Des Recettes Pour Construire Vos Muscles Au Bodybuilding Avant Et Après La Compétition

Calories: 140	Calories: 641
Calories provenant des matières grasses: 62	Calories provenant des matières grasses: 371
Lipides Total: 6.9g	Lipides Total: 41.2g
Lipides saturés: 4.8g	Lipides saturés: 29.1g
Cholesterol: 4mg	Cholesterol: 22mg
Sodium: 9mg	Sodium: 56mg
Potassium: 192mg	Potassium: 1150mg
Total Carbohydrates: 18.5g	Total Carbohydrates: 112g
Fibres alimentaires: 3.5g	Fibres alimentaires: 21g
Sucre: 5.7g	Sucre: 34.4g
Protéines: 3g	Protéines: 18.1g

11. Shake de Beurre de Cacahuètes

Temps de Préparation: 5 minutes
Portions: 6

1. Ingrédients:

300ml lait d'amandes
50g peanut butter
50g mix nuts
6 egg whites
1 cuillère à café extrait de beurre (5g)

2. *Préparation:*

Mélanger tous les ingrédients dans un mélangeur jusqu'à ce que la composition soit lisse

3. *Composants nutritionnels (quantité par 100ml / composition entière):*

Contient De la Vitamine C, du fer, du calcium.

Des Recettes Pour Construire Vos Muscles Au Bodybuilding Avant Et Après La Compétition

Calories: 236	Calories: 1415
Calories provenant des matières grasses: 191	Calories provenant des matières grasses: 1148
Lipides Total: 21.3g	Lipides Total: 127.6g
Lipides saturés: 12.2g	Lipides saturés: 73.1g
Cholesterol: 0mg	Cholesterol: 0mg
Sodium: 109mg	Sodium: 656mg
Potassium: 241mg	Potassium: 1448mg
Total Carbohydrates: 6.2g	Total Carbohydrates: 37.2g
Fibres alimentaires: 2g	Fibres alimentaires: 11.9g
Sucre: 3.1g	Sucre: 18.5g
Protéines: 8.3g	Protéines: 50.2g

12. Shake de beurre de Cacahuètes et Banane

Temps de Préparation: 5 minutes
Portions: 7

1. *Ingrédients:*

250ml lait d'amandes

2 bananes

30g beurre de cacahuetes

5 oeufs

2 cuillères à cafés de miel (10g)

1 cuillère à café d'extrait de vanille (5g)

2. *Préparation:*

Mélanger tous les ingrédients dans un mélangeur jusqu'à ce que la composition soit lisse

3. *Composants nutritionnels (quantité par 100ml / composition entière):*

Contient De la Vitamine A, C, du fer, du calcium.

Des Recettes Pour Construire Vos Muscles Au Bodybuilding Avant Et Après La Compétition

Calories: 191	Calories: 1339
Calories provenant des matières grasses: 126	Calories provenant des matières grasses: 884
Lipides Total: 14g	Lipides Total: 98.2g
Lipides saturés: 9.1g	Lipides saturés: 63.9g
Cholesterol: 117mg	Cholesterol: 818mg
Sodium: 70mg	Sodium: 487mg
Potassium: 288mg	Potassium: 2015mg
Total Carbohydrates: 12.5g	Total Carbohydrates: 87.6g
Fibres alimentaires: 1.9g	Fibres alimentaires: 13.5g
Sucre: 7.7g	Sucre: 53.9g
Protéines: 6.2g	Protéines: 43.6g

13. Shake de Beurre de Cacahuètes et Chocolat

Temps de Préparation: 5 minutes
Portions: 3

1. Ingrédients:

2 cuillère de poudre de cacao(30g)
30g peanut butter
250ml lait d'amandes
50g de Protéines de Lactosérum

2. Préparation:

Mélanger tous les ingrédients dans un mélangeur jusqu'à ce que la composition soit lisse

3. Composants nutritionnels (quantité par 100ml / composition entière):

Contient De la Vitamine C, du fer, du calcium.

Des Recettes Pour Construire Vos Muscles Au Bodybuilding Avant Et Après La Compétition

Calories: 326	Calories: 977
Calories provenant des matières grasses: 240	Calories provenant des matières grasses: 719
Lipides Total: 26.6g	Lipides Total: 79.9g
Lipides saturés: 19.7g	Lipides saturés: 59.1g
Cholesterol: 35mg	Cholesterol: 104mg
Sodium: 89mg	Sodium: 267mg
Potassium: 472mg	Potassium: 1415mg
Total Carbohydrates: 10.6g	Total Carbohydrates: 31.8g
Fibres alimentaires: 3.5g	Fibres alimentaires: 10.6g
Sucre: 4.3g	Sucre: 13g
Protéines: 17g	Protéines: 51g

14. Shake au Chocolat

Temps de Préparation: 5 minutes

Portions: 6

1. *Ingrédients:*

3 cuillères de poudre de cacao (45 g)
250ml lait
120ml de purée de citrouille
1 cuillère à café d'extrait de vanille (5g)
5 oeufs

2. *Préparation:*

Mélanger tous les ingrédients dans un mélangeur jusqu'à ce que la composition soit lisse

3. *Composants nutritionnels (quantité par 100ml / composition entière):*

Contient De la Vitamine A, C, du fer, du calcium

Des Recettes Pour Construire Vos Muscles Au Bodybuilding Avant Et Après La Compétition

Calories: 89	Calories: 534
Calories provenant des matières grasses: 44	Calories provenant des matières grasses: 267
Lipides Total: 4.9g	Lipides Total: 29.6g
Lipides saturés: 1.9g	Lipides saturés: 11.4g
Cholesterol: 140mg	Cholesterol: 840mg
Sodium: 73mg	Sodium: 439mg
Potassium: 185mg	Potassium: 1112mg
Total Carbohydrates: 5.6g	Total Carbohydrates: 33.8g
Fibres alimentaires: 1.4g	Fibres alimentaires: 8.4g
Sucre: 3g	Sucre: 18.2g
Protéines: 6.7g	Protéines: 40.4g

15. Shake au Chocolat & aux Amandes

Temps de Préparation: 5 minutes
Portions: 5

1. *Ingrédients:*

2 cuillères de pudding au Chocolat (30g)
50g amandes (tranchées)
300ml lait
40g de Protéines de Lactosérum
1 cuillère à café sirop amaretto (5g)

2. *Préparation:*

Mélanger tous les ingrédients dans un mélangeur jusqu'à ce que la composition soit lisse

3. *Composants nutritionnels (quantité par 100ml / composition entière):*

Contient De la Vitamine A, du fer, du calcium.

Des Recettes Pour Construire Vos Muscles Au Bodybuilding Avant Et Après La Compétition

Calories: 131	Calories: 656
Calories provenant des matières grasses: 61	Calories provenant des matières grasses: 303
Lipides Total: 6.8g	Lipides Total: 33.7g
Lipides saturés: 1.4g	Lipides saturés: 6.9g
Cholesterol: 22mg	Cholesterol: 109mg
Sodium: 70mg	Sodium: 351mg
Potassium: 154mg	Potassium: 770mg
Total Carbohydrates: 9g	Total Carbohydrates: 45.2g
Fibres alimentaires: 1.3g	Fibres alimentaires: 6.5g
Sucre: 3.5g	Sucre: 17.2g
Protéines: 9.9g	Protéines: 49.3g

16. Shake au Caramel et aux Noisettes

Temps de Préparation: 5 minutes
Portions: 4

1. Ingrédients:

50g Noisettes (hachées)
1 cuillère à café de sirop de caramel (5g)
1 cuillère à café de sirop d'érable (5g)
250ml lait d'amandes
50g de Protéines de Lactosérum

2. Préparation:

Mélanger tous les ingrédients dans un mélangeur jusqu'à ce que la composition soit lisse

3. Composants nutritionnels (quantité par 100ml / composition entière):

Contient De la Vitamine C, du fer, du calcium.

Calories: 307	Calories: 1228
Calories provenant des matières grasses: 211	Calories provenant des matières grasses: 844
Lipides Total: 23.4g	Lipides Total: 93.8g
Lipides saturés: 14.3g	Lipides saturés: 57.3g
Cholesterol: 26mg	Cholesterol: 104mg
Sodium: 37mg	Sodium: 148mg
Potassium: 326mg	Potassium: 1303mg
Total Carbohydrates: 15.5g	Total Carbohydrates: 61.8g
Fibres alimentaires: 2.6g	Fibres alimentaires: 10.4g
Sucre: 11g	Sucre: 44.1g
Protéines: 12.2g	Protéines: 49g

17. Shake de Prunes

Temps de Préparation: 5 minutes
Portions: 8

1. *Ingrédients:*

200g Prunes
50g raisins
200ml lait
4 oeufs
100g quark
70g Flocons d'avoine

2. *Préparation:*

Mélanger tous les ingrédients dans un mélangeur jusqu'à ce que la composition soit lisse

3. *Composants nutritionnels (quantité par 100ml / composition entière):*

Contient De la Vitamine A, C, du fer, du calcium.

Des Recettes Pour Construire Vos Muscles Au Bodybuilding Avant Et Après La Compétition

Calories: 122	Calories: 975
Calories provenant des matières grasses: 43	Calories provenant des matières grasses: 340
Lipides Total: 4.7g	Lipides Total: 37.8g
Lipides saturés: 1.8g	Lipides saturés: 14.3g
Cholesterol: 87mg	Cholesterol: 699mg
Sodium: 62mg	Sodium: 499mg
Potassium: 149mg	Potassium: 1190mg
Total Carbohydrates: 14.7g	Total Carbohydrates: 117g
Fibres alimentaires: 1.3g	Fibres alimentaires: 10.7g
Sucre: 7.2g	Sucre: 57.7g
Protéines: 6.2g	Protéines: 49.7g

18. Shake Tropical

Temps de Préparation: 5 minutes
Portions: 5

1. *Ingrédients:*

1 banana
150g ananas
40g mango
200ml coconut lait
1 cuillère à café de miel (5g)
50g de Protéines de Lactosérum

2. *Préparation:*

Mélanger tous les ingrédients dans un mélangeur jusqu'à ce que la composition soit lisse

3. *Composants nutritionnels (quantité par 100ml / composition entière):*

Contient De la Vitamine A, C, du fer, du calcium.

Des Recettes Pour Construire Vos Muscles Au Bodybuilding Avant Et Après La Compétition

Calories: 178	Calories: 889
Calories provenant des matières grasses: 94	Calories provenant des matières grasses: 468
Lipides Total: 10.4g	Lipides Total: 52g
Lipides saturés: 8.9g	Lipides saturés: 44.6g
Cholesterol: 21mg	Cholesterol: 104mg
Sodium: 25mg	Sodium: 124mg
Potassium: 294mg	Potassium: 1468mg
Total Carbohydrates: 15.3g	Total Carbohydrates: 76.4g
Fibres alimentaires: 2.1g	Fibres alimentaires: 10.3g
Sucre: 9.9g	Sucre: 49.2g
Protéines: 8.5g	Protéines: 42.7g

19. Shake a la Pêche

Temps de Préparation: 5 minutes
Portions: 8

1. Ingrédients:

6 pêches
300ml lait
140g mandarines
30g Flocons d'avoine
4 oeufs

2. Préparation:

Mélanger tous les ingrédients dans un mélangeur jusqu'à ce que la composition soit lisse

3. Composants nutritionnels (quantité par 100ml / composition entière):

Contient De la Vitamine A, C, du fer, du calcium.

Des Recettes Pour Construire Vos Muscles Au Bodybuilding Avant Et Après La Compétition

Calories: 70	Calories: 839
Calories provenant des matières grasses: 20	Calories provenant des matières grasses: 245
Lipides Total: 2.3g	Lipides Total: 27.3g
Lipides saturés: 0.3g	Lipides saturés: 9.7g
Cholesterol: 57mg	Cholesterol: 680mg
Sodium: 34mg	Sodium: 405mg
Potassium: 137mg	Potassium: 1639mg
Total Carbohydrates: 9.5g	Total Carbohydrates: 115g
Fibres alimentaires: 1g	Fibres alimentaires: 12.4g
Sucre: 7.2g	Sucre: 86.2g
Protéines: 3.5g	Protéines: 41.6g

20. Shake de Prunes et Citron

Temps de Préparation: 5 minutes
Portions: 6

1. Ingrédients:

150g plums
2 lemons (juice)
2 cuillères à cafés de miel (10g)
200ml lait
Ice cubes
150g de yaourt Grec
4 oeufs

2. Préparation:

Mélanger tous les ingrédients dans un mélangeur jusqu'à ce que la composition soit lisse

3. Composants nutritionnels (quantité par 100ml / composition entière):

Contient De la Vitamine A, C, du fer, du calcium.

Des Recettes Pour Construire Vos Muscles Au Bodybuilding Avant Et Après La Compétition

Calories: 74	Calories: 589
Calories provenant des matières grasses: 29	Calories provenant des matières grasses: 228
Lipides Total: 3.2g	Lipides Total: 25.3g
Lipides saturés: 1.3g	Lipides saturés: 10.3g
Cholesterol: 85mg	Cholesterol: 679mg
Sodium: 50mg	Sodium: 397mg
Potassium: 111mg	Potassium: 890mg
Total Carbohydrates: 6.4g	Total Carbohydrates: 51.2g
Fibres alimentaires: 0.6g	Fibres alimentaires: 4.6g
Sucre: 5.1g	Sucre: 40.9g
Protéines: 5.8g	Protéines: 45.9g

21. Shake a l'ananas

Temps de Préparation: 5 minutes
Portions: 6

1. Ingrédients:

300g d'ananas
200ml lait d'amandes
30g de framboises
30g Flocons d'avoine
1 lime (juice)
40g de Protéines de Lactosérum

2. Préparation:

Mélanger tous les ingrédients dans un mélangeur jusqu'à ce que la composition soit lisse

3. Composants nutritionnels (quantité par 100ml / composition entière):

Contient De la Vitamine A, C, du fer, du calcium.

Des Recettes Pour Construire Vos Muscles Au Bodybuilding Avant Et Après La Compétition

Calories: 153	Calories: 920
Calories provenant des matières grasses: 80	Calories provenant des matières grasses: 481
Lipides Total: 8.9g	Lipides Total: 53.4g
Lipides saturés: 7.4g	Lipides saturés: 44.5g
Cholesterol: 14mg	Cholesterol: 83mg
Sodium: 18mg	Sodium: 109mg
Potassium: 218mg	Potassium: 1309mg
Total Carbohydrates: 14.4g	Total Carbohydrates: 86.3g
Fibres alimentaires: 2.6g	Fibres alimentaires: 15.5g
Sucre: 6.7g	Sucre: 40.3g
Protéines: 6.6g	Protéines: 39.6g

22. Shake a l'Orange

Temps de Préparation: 5 minutes
Portions: 8

1. Ingrédients:

5 oranges
10 oeufs
2 cuillères de miel

2. Préparation:

Mélanger tous les ingrédients dans un mélangeur jusqu'à ce que la composition soit lisse

3. *Composants nutritionnels (quantité par 100ml / composition entière):*

Contient De la Vitamine A, C, du fer, du calcium.

Des Recettes Pour Construire Vos Muscles Au Bodybuilding Avant Et Après La Compétition

Calories: 85	Calories: 1189
Calories provenant des matières grasses: 29	Calories provenant des matières grasses: 404
Lipides Total: 3.2g	Lipides Total: 44.8g
Lipides saturés: 1g	Lipides saturés: 13.8g
Cholesterol: 117mg	Cholesterol: 1637mg
Sodium: 44mg	Sodium: 618mg
Potassium: 163mg	Potassium: 2277mg
Total Carbohydrates: 10.4g	Total Carbohydrates: 146g
Fibres alimentaires: 1.6g	Fibres alimentaires: 22.2g
Sucre: 8.8g	Sucre: 123.9g
Protéines: 4.6g	Protéines: 64.1g

23. Shake Pinna Colada

Temps de Préparation: 5 minutes
Portions: 8

1. **Ingrédients:**

   200g ananas
   200g coconut lait
   50g Flocons d'avoine
   300ml lait
   4 oeufs

2. **Préparation:**

   Mélanger tous les ingrédients dans un mélangeur jusqu'à ce que la composition soit lisse

3. *Composants nutritionnels (quantité par 100ml / composition entière):*

Contient De la Vitamine A, C, du fer, du calcium.

Des Recettes Pour Construire Vos Muscles Au Bodybuilding Avant Et Après La Compétition

Calories: 128	Calories: 1155
Calories provenant des matières grasses: 75	Calories provenant des matières grasses: 675
Lipides Total: 8.3g	Lipides Total: 75g
Lipides saturés: 5.8g	Lipides saturés: 52.1g
Cholesterol: 76mg	Cholesterol: 680mg
Sodium: 48mg	Sodium: 428mg
Potassium: 149mg	Potassium: 1339mg
Total Carbohydrates: 9.8g	Total Carbohydrates: 87.8g
Fibres alimentaires: 1.1g	Fibres alimentaires: 12.2g
Sucre: 4.7g	Sucre: 42.2g
Protéines: 4.9g	Protéines: 44.5g

24. Shake à la Pomme

Temps de Préparation: 5 minutes
Portions: 3

1. *Ingrédients:*

350g Pomme
1 cuillère à café de cannelle
200ml lait d'amandes
2 cuillères à café d'extrait de vanille
40g de Protéines de Lactosérum

2. *Préparation:*

Mélanger tous les ingrédients dans un mélangeur jusqu'à ce que la composition soit lisse

3. *Composants nutritionnels (quantité par 100ml / composition entière):*

Contient De la Vitamine C, du fer, du calcium.

Des Recettes Pour Construire Vos Muscles Au Bodybuilding Avant Et Après La Compétition

Calories: 139	Calories: 833
Calories provenant des matières grasses: 77	Calories provenant des matières grasses: 463
Lipides Total: 8.6g	Lipides Total: 51.4g
Lipides saturés: 7.4g	Lipides saturés: 44.1g
Cholesterol: 14mg	Cholesterol: 83mg
Sodium: 18mg	Sodium: 106mg
Potassium: 193mg	Potassium: 1157mg
Total Carbohydrates: 11.2g	Total Carbohydrates: 67.3g
Fibres alimentaires: 2.3g	Fibres alimentaires: 14.2g
Sucre: 7.6g	Sucre: 45.5g
Protéines: 5.7g	Protéines: 34.3g

25. Shake aux Oeufs

Temps de Préparation: 5 minutes
Portions: 8

1. Ingrédients:

10 oeufs
300ml lait
100g De Yaourt Grec
2 cuillères de miel (30g)
50g Flocons d'avoine

2. Préparation:

Mélanger tous les ingrédients dans un mélangeur jusqu'à ce que la composition soit lisse

3. Composants nutritionnels (quantité par 100ml / composition entière):

Contient De la Vitamine A, du fer, du calcium.

Des Recettes Pour Construire Vos Muscles Au Bodybuilding Avant Et Après La Compétition

Calories: 131	Calories: 1176
Calories provenant des matières grasses: 55	Calories provenant des matières grasses: 498
Lipides Total: 6.1g	Lipides Total: 55.3g
Lipides saturés: 2.2g	Lipides saturés: 19.5g
Cholesterol: 185mg	Cholesterol: 1667mg
Sodium: 89mg	Sodium: 799mg
Potassium: 123mg	Potassium: 1111mg
Total Carbohydrates: 10.1g	Total Carbohydrates: 91.1g
Fibres alimentaires: 0.6g	Fibres alimentaires: 5.1g
Sucre: 6.3g	Sucre: 56.3g
Protéines: 9.1g	Protéines: 82.2g

26. Shake à la Citrouille

Temps de Préparation: 5 minutes

Portions: 6

1. Ingrédients:

300g citrouille

300g de framboises

50g crème aigre

200ml lait d'amandes

40g de Protéines de Lactosérum

2. Préparation:

Mélanger tous les ingrédients dans un mélangeur jusqu'à ce que la composition soit lisse

3. Composants nutritionnels (quantité par 100ml / composition entière):

Contient De la Vitamine A, C, du fer, du calcium.

Des Recettes Pour Construire Vos Muscles Au Bodybuilding Avant Et Après La Compétition

Calories: 123	Calories: 986
Calories provenant des matières grasses: 72	Calories provenant des matières grasses: 576
Lipides Total: 8g	Lipides Total: 64g
Lipides saturés: 6.4g	Lipides saturés: 51.1g
Cholesterol: 13mg	Cholesterol: 105mg
Sodium: 18mg	Sodium: 146mg
Potassium: 238mg	Potassium: 1903mg
Total Carbohydrates: 9.8g	Total Carbohydrates: 78.2g
Fibres alimentaires: 4.1g	Fibres alimentaires: 32.7g
Sucre: 3.9g	Sucre: 31.2g
Protéines: 5.2g	Protéines: 41.7g

27. Beets Shake

Temps de Préparation: 5 minutes
Portions: 6

1. Ingrédients:

300g beets
50g Persil
80g de Myrtilles
200ml lait
60g de Protéines de Lactosérum

2. Préparation:

Mélanger tous les ingrédients dans un mélangeur jusqu'à ce que la composition soit lisse

3. *Composants nutritionnels (quantité par 100ml / composition entière):*

Contient De la Vitamine A, C, du fer, du calcium.

Des Recettes Pour Construire Vos Muscles Au Bodybuilding Avant Et Après La Compétition

Calories: 89	Calories: 531
Calories provenant des matières grasses: 14	Calories provenant des matières grasses: 81
Lipides Total: 1.5g	Lipides Total: 9g
Lipides saturés: 0.7g	Lipides saturés: 4.5g
Cholesterol: 24mg	Cholesterol: 142mg
Sodium: 77mg	Sodium: 464mg
Potassium: 285mg	Potassium: 1711mg
Total Carbohydrates: 10.3g	Total Carbohydrates: 61.9g
Fibres alimentaires: 1.6g	Fibres alimentaires: 9.6g
Sucre: 7.2g	Sucre: 43.3g
Protéines: 9.5g	Protéines: 56.8g

28. Shake à la noix de Coco

Temps de Préparation: 5 minutes
Portions: 5

1. *Ingrédients:*

100ml coconut lait
200ml lait
100g De Yaourt Grec
50g de Protéines de Lactosérum
1 cuillère à café d'extrait de noix de coco
30g flocons de noix de coco

2. *Préparation:*

Mélanger tous les ingrédients dans un mélangeur jusqu'à ce que la composition soit lisse

3. *Composants nutritionnels (quantité par 100ml / composition entière):*

Contient De la Vitamine A, C, du fer, du calcium.

Des Recettes Pour Construire Vos Muscles Au Bodybuilding Avant Et Après La Compétition

Calories: 145	Calories: 723
Calories provenant des matières grasses: 78	Calories provenant des matières grasses: 391
Lipides Total: 8.7g	Lipides Total: 43.4g
Lipides saturés: 7.2g	Lipides saturés: 35.9g
Cholesterol: 25mg	Cholesterol: 126mg
Sodium: 48mg	Sodium: 241mg
Potassium: 184mg	Potassium: 922mg
Total Carbohydrates: 6.2g	Total Carbohydrates: 30.8g
Fibres alimentaires: 1g	Fibres alimentaires: 4.9g
Sucre: 4.1g	Sucre: 20.6g
Protéines: 11.1g	Protéines: 55.8g

29. Shake à la Mangue

Temps de Préparation: 5 minutes

Portions: 8

1. Ingrédients:

3 mangues

1 banane

50g de fraises

300ml lait

1 jus d'un lime

6 oeufs

2. Préparation:

Mélanger tous les ingrédients dans un mélangeur jusqu'à ce que la composition soit lisse

3. Composants nutritionnels (quantité par 100ml / composition entière):

Contient De la Vitamine A, C, du fer, du calcium.

Des Recettes Pour Construire Vos Muscles Au Bodybuilding Avant Et Après La Compétition

Calories: 87	Calories: 874
Calories provenant des matières grasses: 31	Calories provenant des matières grasses: 306
Lipides Total: 3.4g	Lipides Total: 34g
Lipides saturés: 1.2g	Lipides saturés: 12.3g
Cholesterol: 101mg	Cholesterol: 1007mg
Sodium: 52mg	Sodium: 524mg
Potassium: 155mg	Potassium: 1549mg
Total Carbohydrates: 10.3g	Total Carbohydrates: 103g
Fibres alimentaires: 1g	Fibres alimentaires: 9.7g
Sucre: 7.8g	Sucre: 78.5g
Protéines: 4.7g	Protéines: 46.7g

30. Shake à la pastèque

Temps de Préparation: 5 minutes

Portions: 6

1. *Ingrédients:*

300g pastèque
200g cantaloupe
200ml eau
1 cuillère à café extrait de vanille
50g crème aigre
50g de Protéines de Lactosérum

2. *Préparation:*

Mélanger tous les ingrédients dans un mélangeur jusqu'à ce que la composition soit lisse

3. *Composants nutritionnels (quantité par 100ml / composition entière):*

Contient De la Vitamine A, C, du fer, du calcium.

Des Recettes Pour Construire Vos Muscles Au Bodybuilding Avant Et Après La Compétition

Calories: 59	Calories: 471
Calories provenant des matières grasses: 16	Calories provenant des matières grasses: 128
Lipides Total: 1.8g	Lipides Total: 14.2g
Lipides saturés: 1g	Lipides saturés: 8.3g
Cholesterol: 16mg	Cholesterol: 126mg
Sodium: 20mg	Sodium: 158mg
Potassium: 154mg	Potassium: 1230mg
Total Carbohydrates: 5.9g	Total Carbohydrates: 47.5g
Fibres alimentaires: 0g	Fibres alimentaires: 3g
Sucre: 4.5g	Sucre: 36.2g
Protéines: 5.1g	Protéines: 40.7g

31. Shake De Yaourt Grec

Temps de Préparation: 5 minutes
Portions: 6

1. Ingrédients:

300g De yaourt Grec
100g coconut lait
2 cuillère de miel (30g)
40g raisin
200ml lait d'amandes

2. Préparation:

Mélanger tous les ingrédients dans un mélangeur jusqu'à ce que la composition soit lisse

3. Composants nutritionnels (quantité par 100ml / composition entière):

Contient De la Vitamine A, C, du fer, du calcium.

Des Recettes Pour Construire Vos Muscles Au Bodybuilding Avant Et Après La Compétition

Calories: 167	Calories: 1169
Calories provenant des matières grasses: 101	Calories provenant des matières grasses: 706
Lipides Total: 11.2g	Lipides Total: 78.4g
Lipides saturés: 9.8g	Lipides saturés: 68.5g
Cholesterol: 2mg	Cholesterol: 15mg
Sodium: 21mg	Sodium: 149mg
Potassium: 220mg	Potassium: 1541mg
Total Carbohydrates: 13.6g	Total Carbohydrates: 95.1g
Fibres alimentaires: 1.2g	Fibres alimentaires: 8.2g
Sucre: 11.5g	Sucre: 80.3g
Protéines: 5.5g	Protéines: 38.3g

32. Shake au café et à la banane

Temps de Préparation: 5 minutes
Portions: 6

1. Ingrédients:

25g **café** (moulu)
2 bananes
150ml lait d'amandes
20g beurre de cacahuètes
100ml eau
5 oeufs

2. *Préparation:*

Mélanger tous les ingrédients dans un mélangeur jusqu'à ce que la composition soit lisse

3. *Composants nutritionnels (quantité par 100ml / composition entière):*

Contient De la Vitamine A, C, du fer, du calcium.

Des Recettes Pour Construire Vos Muscles Au Bodybuilding Avant Et Après La Compétition

Calories: 142	Calories: 992
Calories provenant des matières grasses: 89	Calories provenant des matières grasses: 621
Lipides Total: 9.9g	Lipides Total: 69g
Lipides saturés: 5.9g	Lipides saturés: 41.4g
Cholesterol: 117mg	Cholesterol: 818mg
Sodium: 61mg	Sodium: 429mg
Potassium: 240mg	Potassium: 1683mg
Total Carbohydrates: 9.7g	Total Carbohydrates: 68g
Fibres alimentaires: 1.5g	Fibres alimentaires: 10.7g
Sucre: 5.4g	Sucre: 37.5g
Protéines: 5.5g	Protéines: 38.8g

33. Shake aux Epinards

Temps de Préparation: 5 minutes

Portions: 7

1. *Ingrédients:*

200g d'épinards
50g de persil
70g de framboises
200ml lait
100ml eau
50g de crème aigre
50g de Protéines de Lactosérum

2. *Préparation:*

Mélanger tous les ingrédients dans un mélangeur jusqu'à ce que la composition soit lisse

3. *Composants nutritionnels (quantité par 100ml / composition entière):*

Contient De la Vitamine A, C, du fer, du calcium.

Des Recettes Pour Construire Vos Muscles Au Bodybuilding Avant Et Après La Compétition

Calories: 72	Calories: 504
Calories provenant des matières grasses: 25	Calories provenant des matières grasses: 174
Lipides Total: 2.8g	Lipides Total: 19.3g
Lipides saturés: 1.5g	Lipides saturés: 10.8g
Cholesterol: 20mg	Cholesterol: 143mg
Sodium: 58mg	Sodium: 403mg
Potassium: 282mg	Potassium: 1973mg
Total Carbohydrates: 5.3g	Total Carbohydrates: 37g
Fibres alimentaires: 1.5g	Fibres alimentaires: 10.6g
Sucre: 2.2g	Sucre: 15.2g
Protéines: 7.4g	Protéines: 52.1g

34. Shake au Chia

Temps de Préparation: 5 minutes

Portions: 5

1. *Ingrédients:*

100g grains de chia

200ml lait d'amandes

50 crème aigre

50g persil

100ml eau

40g de Protéines de Lactosérum

2. *Préparation:*

Mélanger tous les ingrédients dans un mélangeur jusqu'à ce que la composition soit lisse

3. *Composants nutritionnels (quantité par 100ml / composition entière):*

Contient De la Vitamine A, C, du fer, du calcium.

Des Recettes Pour Construire Vos Muscles Au Bodybuilding Avant Et Après La Compétition

Calories: 174	Calories: 872
Calories provenant des matières grasses: 123	Calories provenant des matières grasses: 615
Lipides Total: 13.7g	Lipides Total: 68.3g
Lipides saturés: 10g	Lipides saturés: 50.1g
Cholesterol: 20mg	Cholesterol: 99mg
Sodium: 30mg	Sodium: 152mg
Potassium: 260mg	Potassium: 1300mg
Total Carbohydrates: 6.2g	Total Carbohydrates: 31.2g
Fibres alimentaires: 3.3g	Fibres alimentaires: 16.5g
Sucre: 1.7g	Sucre: 8.5g
Protéines: 8.4g	Protéines: 42.1g

35. Shake à la Papaye

Temps de Préparation: 5 minutes
Portions: 6

1. Ingrédients:

3 papayes
50g Flocons d'avoine
300ml lait
1 cuillère à café
50g de Protéines de Lactosérum

2. Préparation:

Mélanger tous les ingrédients dans un mélangeur jusqu'à ce que la composition soit lisse

3. Composants nutritionnels (quantité par 100ml / composition entière):

Contient De la Vitamine A, C, du fer, du calcium.

Des Recettes Pour Construire Vos Muscles Au Bodybuilding Avant Et Après La Compétition

Calories: 95	Calories: 760
Calories provenant des matières grasses: 14	Calories provenant des matières grasses: 113
Lipides Total: 1.6g	Lipides Total: 12.6g
Lipides saturés: 0.7g	Lipides saturés: 5.9g
Cholesterol: 16mg	Cholesterol: 130mg
Sodium: 34mg	Sodium: 268mg
Potassium: 81mg	Potassium: 648mg
Total Carbohydrates: 14.1g	Total Carbohydrates: 113g
Fibres alimentaires: 1.4g	Fibres alimentaires: 11.1g
Sucre: 5.4g	Sucre: 43.5g
Protéines: 6.5g	Protéines: 52.4g

DES REPAS MUSCULAIRES A CONSOMMER APRES LA COMPETITION DE BODYBUILDING

1. Oeufs bouillis avec du basilic haché

Ingrédients:

2 oeufs

1 cuillère à café de basilic haché

poivre

Préparation:

Faire bouillir les oeufs pendant 10 minutes. Peler et hacher en petits morceaux. Saupoudrer de basilic haché.

Valeurs nutritionnelles par 100 g:

Carbohydrates 1.1g

Sucre 0g

Protéines 13g

Total Lipides (Lipides bénéfiques monoinsaturés) 11g

Sodium 124mg

Potassium 126mg

Calcium 50mg

Fer 1.2mg

Vitamines (Vitamines A; B-6; B-12; C)

Calories 155

2. Surlonge de boeuf avec des tranches d'aubergines

Ingrédients:

1 mince filet de bœuf

1 aubergine moyenne

1 cuillère à café d'huile d'olive

basilic haché

poivre

Préparation:

Lavez et poivrer la viande. Griller dans une poêle sur un grill pendant environ 10 minutes de chaque côté. Retirer de la poêle. Peler les aubergines et couper deux tranches épaisses. Frire pour quelques minutes dans la même poêle. Retirer du feu et servir avec la viande de boeuf. Saupoudrer de basilic haché.

Valeurs nutritionnelles:

Carbohydrates 6g

Sucre 1.2g

Protéines 35.2 g

Total Lipides 4.9g

Sodium 57 mg

Potassium 397mg

Calcium 18.5mg

Fer 1.9mg

Vitamines (Vitamines A; B-6; B-12; C; D; D2; D3; K;Thiamin; K)

Calories 212

3. Salade de Tomates et de Noix

Ingrédients:

1 grosse tomate

½ tasse de noix hachées

1 cuillère à café de jus de citron

Préparation:

Laver et couper la tomate en petits morceaux. Ajouter les noix hachées et mélangez bien. Verser le jus de citron au-dessus.

Valeurs nutritionnelles par tasse:

Carbohydrates 8.2g

Sucre 3.8g

Protéines 10g

Total Lipides 4.5g

Sodium 17 mg

Potassium 112mg

Calcium 16.5mg

Fer 1.3mg

Vitamines (Vitamines A; B-6; B-12; C; D; D2; D3; K; Riboflavin; Niacin; Thiamin; K)

Calories 218

4. Blettes cuites avec de l'huile d'olive

Ingrédients:

1 botte de blettes

1 cuillère à café d'huile d'olive

1 cuillère à café de curcuma

Préparation:

Lavez et hachez les blettes. Frire dans l'huile d'olive pendant 20 minutes à basse température, ou jusqu'à tendreté. Ajouter le curcuma avant de servir.

Valeurs nutritionnelles par tasse:

Carbohydrates 6.9g

Sucre 2.1g

Protéines 8.4 g

Total Lipides 1.9g

Sodium 34.2 mg

Potassium 23.2mg

Calcium 12.4mg

Fer 0.59mg

Vitamines (Vitamines A; B-6; B-12; C; D; D2; D3; K; Riboflavin; Niacin; Thiamin; K)

Calories 113

5. Champignons Cuits au Romarin

Ingrédients:

1 tasse de champignons

1 cuillère à café d'huile d'olive

1 cuillère à café de romarin haché

Préparation:

Faire cuire les champignons dans une poêle barbecue pendant 5-7 minutes. Retirer de la poêle et saupoudrer avec de l'huile d'olive et du romarin haché.

Valeurs nutritionnelles par tasse:

Carbohydrates 6.2g

Sucre 1.1g

Protéines 8.4 g

Total Lipides(Lipides bénéfiques monoinsaturés) 1.3g

Sodium 48.2 mg

Potassium 23.2mg

Calcium 12.4mg

Fer 0.59mg

Vitamines (Vitamines A; B-6; B-12; C; D; D2; D3; K; Riboflavin; Niacin; Thiamin; K)

Calories 117

6. Salade de Poulpe avec Tomates et Câpres

Ingrédients:

1 tasse de poulpe congelé et coupé en morceaux

¼ tasse de câpres

½ tasse d'olives

5 tomates cerises

1 cuillère à café de persil haché

1 cuillère à café de céleri haché

1 petit oignon

2 gousses d'ail

1 cuillère à café de romarin haché

1 cuillère à soupe d'huile d'olive

1 cuillère à café de jus de citron

Préparation:

Cuire le poulpe dans l'eau salée jusqu'à tendreté. Cela prend habituellement environ 20-30 minutes. Retirer du pot, lavez et égouttez. Laver et couper les légumes et mélanger avec le poulpe. Mélanger les épices et ajouter à la salade. Saupoudrer avec de l'huile d'olive et le jus de citron. Refroidir avant de servir.

Valeurs nutritionnelles par tasse:

Carbohydrates 12.9g

Sucre 5.1g

Protéines 16.4 g

Total Lipides(Lipides bénéfiques monoinsaturés) 9.9g

Sodium 114.2 mg

Potassium 83.2mg

Calcium 42.4mg

Fer 0.59mg

Vitamines (Vitamines A; B-6; B-12; C; D; D2; D3; K; Riboflavin; Niacin; Thiamin; K)

Calories 81

7. Courgettes Grillées à l'Ail et au Persil

Ingrédients:

1 courgette moyenne

1 cuillère à soupe de persil haché

2 gousses d'ail

Préparation:

Epluchez les courgettes et les couper en 4 tranches. Frire dans une poêle barbecue pendant 3-4 minutes. Ajouter l'ail haché et cuire pendant 5 minutes. Parsemer de persil avant de servir.

Valeurs nutritionnelles:

Carbohydrates 3.71g

Sucre 3g

Protéines 2 g

Total Lipides 0g

Sodium 2.9 mg

Potassium 360mg

Calcium 0.2mg

Fer 0.3mg

Vitamines (Vitamines A; B-6; B-12; C; D:K)

Calories 20

8. Shake de Fruits et Légumes Mixtes

Ingrédients:

1 tasse de myrtilles mélangées, framboises, mûres et frjeuness

½ tasse de bébé épinards hachés

2 tasses d'eau

Préparation:

Mélanger les ingrédients dans un mélangeur pendant quelques minutes.

Valeurs nutritionnelles par tasse:

Carbohydrates 9.2g

Sucre 6.15g

Protéines 8.75g

Total Lipides 0.87g

Sodium 54.8mg

Potassium 107.8mg

Calcium 82mg

Fer 2.03mg

Vitamines (Vitamines C total ascorbic acid; B-6; B-12; Folate-DFE; A-RAE; A-IU; E-alpha-tocopherol; D; D-D2+D3; K-phylloquinone; Thianin; Riboflavin; Niacin)

Calories 42.6

9. Ragoût de poisson

Ingrédients:

1 filet de carpe

1 carotte

2 piments

1 tomate moyenne

poivre

racines et feuilles de céleri

Préparation:

Il vaut mieux acheter des carottes cuites, ou les faire cuire avant de préparer le ragoût de poisson. Laver et couper les légumes, mélanger avec le céleri et les poissons et les mettre dans un pot. Verser peu d'eau, juste pour couvrir. Cuire à basse température pendant 20-30 minutes.

Valeurs nutritionnelles:

Carbohydrates 8.2g

Sucre 3.9g

Protéines 15.2 g

Total Lipides(Lipides bénéfiques monoinsaturés) 6.6g

Sodium 113.8 mg

Potassium 71mg

Calcium 29.1mg

Fer 0.32mg

Vitamines (Vitamines A; B-6; B-12; C; D; D2; D3; K; Riboflavin; Niacin; Thiamin; K)

Calories 172

10. Omelette d'Ananas aux amandes

Ingrédients:

3 tranches d'ananas

2 oeufs

½ tasse d'amandes

1 cuillère à soupe d'huile de lin pour la friture

Préparation:

Battre les oeufs et ajouter les amandes. Frire les tranches d'ananas pour quelques minutes sur les deux côtés, sans huile. Lorsque vous avez terminé, retirer de la poêle, ajouter l'huile, la chauffer et ajouter le mélange d'oeufs. Servir avec des tranches d'ananas cuits.

Valeurs nutritionnelles par 100g:

Carbohydrates 8.9g

Sucre 4.6g

Protéines 19.2 g

Total Lipides 13.6g

Sodium 134.8 mg

Potassium 131mg

Calcium 67.1mg

Fer 1.52mg

Vitamines (Vitamines A; B-12; C; K; Riboflavin; Niacin; K)

Calories 187

11. Côtelette de Boeuf à l'ananas et au curcuma

Ingrédients:

1 cotelette de boeuf de taille moyenne

1 cuillère à soupe d'huile d'olive

1 cuillère à café de curcuma

Poivre

2 tranches d'ananas

Préparation:

Laver et sécher la viande. Frire sans huile, dans son propre jus, pendant 15-20 minutes sur basse température. Retirer du feu. Faire une sauce avec l'huile d'olive, le curcuma et le poivre et l'étaler sur le bœuf frit. Frire une fois de plus pendant 3-4 minutes, ajouter les tranches d'ananas et servir chaud.

Valeurs nutritionnelles par 100g:

Carbohydrates 15.7g

Sucre 9.9g

Protéines 34g

Total Lipides(Lipides bénéfiques monoinsaturés) 17.6g

Sodium 99.3 mg

Potassium 328mg

Calcium 49.1mg

Fer 0.52mg

Vitamines (Vitamines A; B-6; B-12; C; D; D2; D3; K; Riboflavin; Niacin; Thiamin; K)

Calories 311

12. Salade de Fruits

Ingrédients:

1 tasse de baies

½ tasse de cubes d'ananas

½ tasse de pomme hachée

1 cuillère à café de cannelle

1 cuillère à café de sirop d'agave

Préparation:

Mélanger les fruits, ajouter le sirop d'agave et saupoudrer de cannelle.

Valeurs nutritionnelles par tasse:

Carbohydrates 19.2g

Sucre 12g

Protéines 15.2 g

Total Lipides(Lipides bénéfiques monoinsaturés) 4.6g

Sodium 123.8 mg

Potassium 95mg

Calcium 44.1mg

Fer 0.52mg

Vitamines (Vitamines A; B-6; B-12; C; D; D2; D3; K; Riboflavin; Niacin; Thiamin; K)

Calories 77

13. Salade de Thon avec Feuilles de Laitue et Curry

Ingrédients:

1 petite boîte de thon sans huile

1 botte de laitue

2 piments

1 cuillère à café de curry

1 cuillère à café de sauce au citron

Préparation:

Laver et couper la laitue. Mélanger avec du thon, ajouter des piments hachés et la sauce au citron. Saupoudrer de curry.

Valeurs nutritionnelles par tasse:

Carbohydrates 23.4g

Sucre 13g

Protéines 33.2g

Total Lipides(Lipides bénéfiques monoinsaturés) 12.4g

Sodium 123mg

Potassium 72.3mg

Calcium 42.1mg

Fer 0.27mg

Vitamines (Vitamines A; B-6; B-12; C; D; D2; D3; K; Riboflavin; Niacin; Thiamin; K)

Calories 68

14. Pilon de Dinde avec Noix de Muscade et Caroube

Ingrédients:

1 pilon de dinde

½ tasse d'eau

½ tasse de noix de muscade

½ tasse de caroube

Préparation:

Laver et nettoyer la viande. Frire pendant environ 15 minutes dans son propre jus (ajouter un peu d'eau pendant la cuisson de la dinde). Finement hacher la noix de muscade et de caroubiers et ajouter dans la casserole. Mélangez bien avec la sauce de la dinde. Retirer de la poêle et saupoudrer avec un peu plus de caroube.

Valeurs nutritionnelles par tasse:

Carbohydrates 3.2g

Sucre 0.9g

Protéines 31g

Total Lipides(Lipides bénéfiques monoinsaturés) 10.4g

Sodium 998mg

Potassium 78.2mg

Calcium 48mg

Fer 0.37mg

Vitamines (Vitamines A; B-6; B-12; C; D; D2; D3; K; Riboflavin; Niacin; Thiamin; K)

Calories 210

15. tranches d'aubergines grillées avec du fenouil haché

Ingrédients:

1 grosse aubergine

½ tasse de fenouil haché

1 cuillère à soupe d'huile d'olive

1 cuillère à café de persil haché

Préparation:

Peler l'aubergine et la couper en 3 tranches. Cuire dans une poêle barbecue sans huile. Quand cela est fait, répandre l'huile d'olive dessus, saupoudrer avec du fenouil et le persil.

(Ces tranches d'aubergine sont très bonnes consommées froides, de sorte que vous pouvez les laisser toute la nuit au réfrigérateur)

Valeurs nutritionnelles parslice:

Carbohydrates 8.9g

Sucre 3g

Protéines 7g

Total Lipides(Lipides bénéfiques monoinsaturés) 2.4g

Sodium 54mg

Potassium 32.5mg

Calcium 12.4mg

Fer 0.37mg

Vitamines (Vitamines A; B-6; B-12; C; D; D2; D3; K; Riboflavin; Niacin; Thiamin; K)

Calories 54

16. Omelette aux Epinards

Ingrédients:

1 tasse d'épinards hachés

2 oeufs

1 cuillère à soupe d'huile d'olive pour la friture

Préparation:

Faire cuire les épinards dans de l'eau salée jusqu'à tendreté. Retirer de la casserole et égouttez. Faire frire dans de l'huile d'olive pendant 5-6 minutes et ajouter les œufs. Bien mélanger et servir chaud.

Valeurs nutritionnelles par 100g:

Carbohydrates 1.9g

Sucre 0.6g

Protéines 19.2 g

Total Lipides 13.6g

Sodium 144mg

Potassium 133mg

Calcium 71mg

Fer 1.8mg

Vitamines (Vitamines A; B-12; C; K; Riboflavin; Niacin; K)

Calories 177

17. Casserole d'Aubergines

Ingrédients:

2 grandes aubergines

1 tasse de viande hachée

1 oignon moyen

1 cuillère à café d'huile d'olive

poivre

2 tomates moyennes

1 cuillère à café de persil haché

Préparation:

Éplucher les aubergines et coupez en tranches très minces dans le sens de la longueur. Mettez-les dans un bol et laisser reposer pendant au moins une heure. Roulez-les dans les œufs battus. Faire frire dans l'huile chaude. Couper l'oignon, faire frire, ajouter les poivrons émincés, la tomate, qui est coupée en cubes, et le persil finement haché. Frire pour quelques minutes, puis ajouter la viande. Lorsque la viande est tendre, retirer du feu, laisser refroidir, ajouter 1 œuf et poivrer. Mettre les aubergines frites et la viande avec les légumes dans un plat allant au four et faire des couches jusqu'à ce que vous ayez utilisé tous les ingrédients. Cuire au four pendant 30 minutes à 300 degrés.

Valeurs nutritionnelles par 100g:

Carbohydrates 7.9g

Sucre 3.4g

Protéines 10.2 g

Total Lipides 13.6g

Sodium 164mg

Potassium 302mg

Calcium 21.1mg

Fer 1.32mg

Vitamines (Vitamines A; B-12; C; K; Riboflavin; Niacin; K)

Calories 109

18. Poireau avec cubes de Poulet

Ingrédients:

2 tasses de poireaux taillés

1 tasse de filets de poulet, coupés en cubes

huile d'olive

feuilles de thym pour la décoration

sel selon le goût

Préparation:

Couper les poireaux en petits morceaux et les laver à l'eau froide, un jour avant de servir. Laisser toute la nuit dans un sac de plastique.

Chauffer l'huile dans une grande casserole. Ajouter les cubes de poulet et faire frire pendant environ 15 minutes sur une température moyenne. Ajouter les poireaux, bien mélanger et faire frire pendant 10 minutes à une température basse. Retirer de la casserole et laisser refroidir. Décorer avec des feuilles de thym.

Valeurs nutritionnelles par tasse:

Carbohydrates 7g

Sucre 1.6g

Protéines 18.1 g

Total Lipides 13.6g

Sodium 124.1 mg

Potassium 120mg

Calcium 69.3mg

Fer 1.42mg

Vitamines (Vitamines A; B-6; B-12; C; D; D2; D3; K; Riboflavin; Niacin; Thiamin; K)

Calories 187

19. Champignons Cuits avec Légumes

Ingrédients:

2 tasses de champignons de Paris

1 tasse de chair de dinde asséchée en cubes

2 grosses carottes

½ tasse chou haché

1 cuillère à café de gingembre

1 cuillère à soupe d'huile d'olive

1 cuillère à café de persil haché

Préparation:

Cuire les légumes dans l'eau jusqu'à tendreté. Retirer la casserole et égouttez. Laisser refroidir pendant un certain temps. Mélanger l'huile d'olive, le gingembre et le persil, ajoutez un peu d'eau et faire cuire pendant quelques minutes, à feu moyen. Verser sur les légumes, ajouter la dinde séchée et bien mélanger. Laisser refroidir au réfrigérateur pendant environ 30 minutes avant de servir.

Valeurs nutritionnelles par tasse:

Carbohydrates 18.6g

Sucre 11.3g

Protéines 21.9g

Total Lipides 14.2g

Sodium 153.3 mg

Potassium 89.8mg

Calcium 49.9mg

Fer 0.42mg

Vitamines (Vitamines A; B-6; B-12; C; D; D2; D3; K; Riboflavin; Niacin; Thiamin; K)

Calories 79

20. Ailes de Poulet avec Sauce au Curcuma

Ingrédients:

2 ailes de poulet

1 cuillère à café de curcuma

1 cuillère à soupe d'huile d'olive

½ cuillère à café de romarin séché

¼ cuillère à café de poivre rouge

Préparation:

Frire les ailes de poulet dans une poêle barbecue pendant 10-15 minutes. 3-4 minutes avant que le poulet ne soit cuit, ajouter l'huile d'olive, le curcuma, le romarin, le poivre et un peu d'eau. Mélangez bien la sauce et laisser le poulet y macérer.

Valeurs nutritionnelles par 100g:

Carbohydrates 18.6g

Sucre 0.9g

Protéines 28g

Total Lipides 22.7g

Sodium 431.3 mg

Potassium 189mg

Calcium 2.9mg

Fer 2.42mg

Vitamines (Vitamines A; B-6; B-12; C; D; D2; D3; K; Riboflavin; Niacin; Thiamin; K)

Calories 318

21. Salade de Tomates et Thon

Ingrédients:

2 grosses tomates

2 oignons moyens

3 boîtes de thon

1 cuillère à soupe d'huile d'olive

1 cuillère à café de jus de citron

basilic

sel selon le goût

Préparation:

Laver et éplucher les légumes. Coupez-les en petits cubes. Ajouter l'huile d'olive, le jus de citron et le basilic. Bien mélanger.

Valeurs nutritionnelles par tasse:

Carbohydrates 17.9g

Sucre 9.1g

Protéines 28.3 g

Total Lipides(Lipides bénéfiques monoinsaturés) 15.8g

Sodium 127mg

Potassium 89.6mg

Calcium 42.1mg

Fer 0.38mg

Vitamines (Vitamines A; B-6; B-12; C; D; D2; D3; K; Riboflavin; Niacin; Thiamin; K)

Calories 99

22. Escalope de veau avec sauce aux poivrons rouges

Ingrédients:

1 steak de veau moyen

1 gros poivron rouge

1 cuillère à café de poivre rouge

1 cuillère à soupe d'huile d'olive

romarin haché

Préparation:

Laver et couper le paprika en petits morceaux. Mettez dans une grande casserole, ajouter l'huile d'olive et le romarin. Mijoter pendant 15 minutes à feu doux. Ajouter le poivron rouge et cuire encore quelques minutes. Laver et sécher le steak. Frire dans une poêle barbecue jusqu'à tendreté. Ajouter la sauce et retirer de la poêle.

.

Valeurs nutritionnelles par 100g:

Carbohydrates 4.5g

Sucre 2.1g

Protéines 26 g

Total Lipides 9.8g

Sodium 87 mg

Potassium 339mg

Calcium 2.1mg

Fer 0.16mg

Vitamines (Vitamines A; B-6; B-12; C; D; D2; D3; K)

Calories 203

23. Omelette aux Champignons

Ingrédients:

1 tasse de champignons,

2 oeufs

1 grande cuillere d'huile d'olive

Préparation:

Frire les champignons dans l'huile d'olive sur basse température. Laisser la sauce aux champignons s'évaporer. Ajouter les œufs et bien mélanger.

Valeurs nutritionnelles par 100 g:

Carbohydrates 4.1g

Sucre 0g

Protéines 18g

Total Lipides(Lipides bénéfiques monoinsaturés) 11g

Sodium 126mg

Potassium 124mg

Calcium 14.9mg

Fer 1.8mg

Vitamines (Vitamines A; B-6; B-12; C)

Calories 174

24. Filet de dinde avec des noix et du sirop d'érable

Ingrédients:

3 filets de dinde

½ tasse de noix

1 cuillère à café de sirop d'érable

¼ tasse d'eau

1 cuillère à soupe d'huile d'olive

sel selon le goût

Préparation:

Frire les filets dans une poêle barbecue sur une basse température pendant environ 15 minutes, ou jusqu'à tendreté. Retirer du feu et ajouter de l'eau, le sirop d'érable et les noix. Mélangez bien et faire frire pendant 5-6 minutes jusqu'à ce que l'eau soit évaporée. Laisser refroidir pendant un certain temps.

Valeurs nutritionnelles par 100 g:

Carbohydrates 10.1g

Sucre 7.3g

Des Recettes Pour Construire Vos Muscles Au Bodybuilding Avant Et Après La Compétition

Protéines 24.2g

Total Lipides 8.7g

Sodium 1025mg

Potassium 126mg

Calcium 50mg

Fer 1.2mg

Vitamines (Vitamines A; B-6; C)

Calories 148

25. Salade de Tomates Cerises Rôties, Aubergines et Basilic

Ingrédients:

1 petite aubergine

5 blancs d'œufs

1 tasse de tomates cerises

1 cuillère à café de basilic frais, haché

1 cuillère à soupe d'huile d'olive

poivre blanc au goût

1 cuillère à café de jus de citron

Préparation:

Couper les aubergines en morceaux épais, en forme de dés. Saler les Cubes d'aubergine, ajouter de l'huile, les blancs d'œufs et les déposer sur une plaque à pâtisserie. Si nécessaire, ajouter un peu d'huile d'olive (facultatif). Cuire au four pendant environ 10 minutes dans un four préchauffé à 350 degrés. Nettoyez les tomates cerises et les faire frire pendant environ 15 minutes à basse température, en utilisant une petite casserole. Vous devez obtenir une sauce tomate légèrement caramélisee.

Retirer du feu et laisser refroidir pendant un certain temps. Incorporer délicatement la sauce au citron, l'huile d'olive et le basilic frais. Verser sur les aubergines et servir froid. Un bon plat d'accompagnement avec un barbecue ou un poisson grillé. Vous pouvez le conserver dans le réfrigérateur jusqu'à une semaine.

Valeurs nutritionnelles par tranche:

Carbohydrates 10.4g

Sucre 3g

Protéines 19g

Total Lipides(Lipides bénéfiques monoinsaturés) 4.9g

Sodium 52mg

Potassium 38.3mg

Calcium 12.9mg

Fer 0.32mg

Vitamines (Vitamines A; B-6; B-12; C; D; D2; D3; K; Riboflavin; Niacin; Thiamin; K)

Calories 87

26. Omelette à la Muscade

Ingrédients:

3 oeufs

2 cuillères à soupe d'huile d'olive

1 cuillère à café de noix de muscade

1/5 cuillère à café de poivre

Préparation:

Battre les oeufs et ajouter la muscade et le poivre. Mélangez bien et faire frire dans de l'huile d'olive pendant quelques minutes. Servir chaud. Vous pouvez ajouter un peu de sel si vous le souhaitez..

Valeurs nutritionnelles par 100g:

Carbohydrates 0.9g

Sucre 0.45g

Protéines 12g

Total Lipides 12.4g

Sodium 156mg

Potassium 117.5mg

Calcium 4.4mg

Fer 7.37mg

Vitamines (Vitamines A; B-6; D; D2; D3)

Calories 156

27. Crevettes à la Ssauce Tomate

Ingrédients:

2 tasses de crevettes congelées

1 grosse tomate

1 cuillère à café de basilic séché

2 gousses d'ail

3 cuillères à soupe d'huile d'olive

sel selon le goût

Préparation:

Griller les crevettes congelées dans une poêle barbecue sans huile. Laver et couper la tomate en petits morceaux, ajouter le basilic haché, l'ail haché et l'huile d'olive. Faire cuire pendant 5-6 minutes (ajouter un peu d'eau si nécessaire). Verser la sauce sur les crevettes grillées. Servir avec de la laitue.

Valeurs nutritionnelles par 100g:

Carbohydrates 7.9g

Sucre 4.2g

Protéines 28g

Total Lipides(Lipides bénéfiques monoinsaturés) 1.32g

Sodium 131mg

Potassium 269.5mg

Calcium 8.7mg

Fer 4.37mg

Vitamines (Vitamines A; B-6; B-12; C; D; D2; D3; K; Riboflavin; Niacin; Thiamin; K)

Calories 164

28. Salade de Laitue

Ingrédients:

1 botte de laitue

1 cuillère à soupe d'huile d'olive

1 cuillère à café de jus de citron

Préparation:

Laver et couper la laitue, ajouter l'huile d'olive et le jus de citron . Il vaut mieux préparer cette salade avant de servir un repas. Ne pas laisser reposer trop longtemps.

Valeurs nutritionnelles par tasse:

Carbohydrates 1.2g

Sucre 0.3g

Protéines 1.7g

Total Lipides(Lipides bénéfiques monoinsaturés) 1.4g

Sodium 19mg

Potassium 132mg

Calcium 1.4mg

Fer 2.3mg

Vitamines (Vitamines A; B-6; B-12; C;K)

Calories 25

29. Salade de Coriandre

Ingrédients:

1 tasse de coriandre hachée

1 œuf à la coque

2 tasses de tomates cerises

1 cuillère à café de curcuma

2 cuillères à soupe d'huile d'olive

1 cuillère à café de sauce au citron

sel selon le goût

Préparation:

Laver et couper les tomates cerises et mélanger avec de la coriandre. Ajouter le curcuma, l'huile d'olive et la sauce au citron.

Valeurs nutritionnelles par tasse:

Carbohydrates 14.2g

Sucre 8.9g

Protéines 10g

Total Lipides(Lipides bénéfiques monoinsaturés) 9.6g

Sodium 122.2 mg

Potassium 81mg

Calcium 45.5mg

Fer 0.37mg

Vitamines (Vitamines A; B-6; B-12; C; D; D2; D3; K; Riboflavin; Niacin; Thiamin; K)

Calories 55

30. Oeufs Frits avec de la Menthe Hachée

Ingrédients:

3 oeufs

1 cuillère à soupe d'huile d'olive

1 cuillère à soupe de menthe hachée

1 tasse de tomates cerises

1 petit oignon

poivre au goût

sel selon le goût

Préparation:

Couper les légumes en petits morceaux et les faire frire dans une grande casserole à une basse température pendant environ 15 minutes. Attendez que l'eau s'évapore. Battre les oeufs et ajouter la menthe hachée. Mélanger avec les légumes, ajouter l'huile d'olive et faire frire pendant quelques minutes. Avant de servir, ajouter un peu de sel et de poivre selon votre goût.

Valeurs nutritionnelles par 100 g:

Carbohydrates 8.1g

Sucre 4g

Protéines 28g

Total Lipides(Lipides bénéfiques monoinsaturés) 11.9g

Sodium 176mg

Potassium 174mg

Calcium 17.9mg

Fer 1.5mg

Vitamines (Vitamines A; B-6; B-12; C; D; D2; D3; K; Riboflavin; Niacin; Thiamin; K)

Calories 194

31. Côte de Veau avec des Clous de Girofle Hachés

Ingrédients:

2 grandes côtelettes de veau

1 tasse de clous de girofle hachés

4 cuillères à soupe d'huile d'olive

1 cuillère à soupe de persil séché

1 cuillère à café de romarin

1 cuillère à café de poivre rouge

1 cuillère à soupe de jus de citron

Préparation:

Bien mélanger les clous de girofle, l'huile d'olive, le persil et le romarin pour obtenir une belle sauce. Lavez le steak et le mettre sur une petite plaque de cuisson. Ajouter la sauce et faire cuire pendant 15-20 minutes à 300 degrés. Retirer du four, saupoudrer de poivre et jus de citron. Décorez avec quelques feuilles de persil. Laisser refroidir pendant environ 10 minutes.

Valeurs nutritionnelles par 100g:

Carbohydrates 8.2g

Sucre 4.9g

Protéines 22g

Total Lipides 9.6g

Sodium 97.2 mg

Potassium 381mg

Calcium 4.5mg

Fer 5.3mg

Vitamines (Vitamines A; B-6; B-12; C; D; D2; D3; K; Riboflavin; Niacin; Thiamin; K)

Calories 216

32. Soupe à la Tomate

Ingrédients:

1 tasse de sauce tomate

2 blancs d'oeufs

2 tasses d'eau

2 gousses d'ail

2 cuillères à soupe d'huile d'olive

1 cuillère à café de marjolaine séchée

persil haché

Préparation:

Frire l'ail finement haché dans l'huile. Incorporer la sauce tomate mélangée avec de l'eau. Ajouter le persil et laisser bouillir. Servir avec de la marjolaine.

Valeurs nutritionnelles par 150ml:

Carbohydrates 6.8g

Sucre 3.9g

Protéines 7g

Total Lipides(Lipides bénéfiques monoinsaturés) 0.6g

Sodium 190.2 mg

Potassium 112mg

Calcium 0.5mg

Fer 2.3mg

Vitamines (Vitamines A; C)

Calories 30

33. Courgettes Grillées au Basilic et à la menthe hachée

Ingrédients:

1 grosse courgette

¼ tasse de basilic haché

¼ tasse de menthe hachée

1 cuillère à soupe d'huile d'olive

¼ verre d'eau,

poivre au goût

Préparation:

Cuire les épices dans l'eau pendant 2-3 minutes et ajouter le poivre. Peler et couper les courgettes en trois tranches. Griller les crevettes dans une poêle barbecue avec de l'huile d'olive. Ajouter la menthe et le basilic. Frire jusqu'à ce que toute l'eau s'évapore. Vous pouvez ajouter un peu de jus de citron avant de servir, mais ceci est optionnel.

Valeurs nutritionnelles pour 1 tranche:

Carbohydrates 3.8g

Sucre 2g

Protéines 2.9 g

Total Lipides 0.9g

Sodium 2.76 mg

Potassium 343mg

Calcium 0.27mg

Fer 0.3mg

Vitamines (Vitamines A; B-6; B-12; C; D:K)

Calories 23

AUTRES GRANDS TITRES DE CET AUTEUR

The Ultimate Guide to Weight Training Nutrition: Maximize Your Potential

By Joseph Correa

Becoming Mentally Tougher In Bodybuilding by Using Meditation: Reach Your Potential by Controlling Your Inner Thoughts

By Joseph Correa

www.ingramcontent.com/pod-product-compliance
Lightning Source LLC
Chambersburg PA
CBHW070130080526
44586CB00015B/1626